陈雪薇◎著

文化数字化战略下
公众文化获得感研究

ZHEJIANG UNIVERSITY PRESS
浙江大学出版社
·杭州·

图书在版编目（CIP）数据

文化数字化战略下公众文化获得感研究 / 陈雪薇著.
杭州 : 浙江大学出版社, 2025. 6. -- ISBN 978-7-308
-26371-9

Ⅰ. G249.2

中国国家版本馆CIP数据核字第2025Q1H875号

文化数字化战略下公众文化获得感研究

陈雪薇　著

策　　划	陈　洁　黄静芬	
责任编辑	田　慧	
责任校对	张闻嘉	
封面设计	周　灵	
出版发行	浙江大学出版社	
	（杭州市天目山路148号　邮政编码310007）	
	（网址：http://www.zjupress.com）	
排　　版	杭州林智广告有限公司	
印　　刷	杭州钱江彩色印务有限公司	
开　　本	710mm×1000mm　1/16	
印　　张	15	
字　　数	207千	
版 印 次	2025年6月第1版　2025年6月第1次印刷	
书　　号	ISBN 978-7-308-26371-9	
定　　价	78.00元	

随着文化与科技的融合和渗透，与文化相关的新业态、新消费、新模式不断涌现，更好地满足了公众追求美好生活的精神文化需求。文化消费与生活质量的关系是文化、消费、休闲、生活方式等相关领域所关注的核心议题之一。如今线上与线下共同构筑文化消费场景，公众的文化消费呈现数字化、丰富性与个性化的特征，多样化的文化消费模式与生活质量的关系仍然是一个值得继续探究的问题。"美好生活"是我国本土化背景下探究文化消费与公众生活质量之间关系的一个新的切入点。2018 年，习近平总书记在全国宣传思想工作会议上正式提出"文化获得感"的概念，他强调"要推动文化产业高质量发展，健全现代文化产业体系和市场体系，推动各类文化市场主体发展壮大，培育新型文化业态和文化消费模式，以高质量文化供给增强人们的文化获得感、幸福感"①。本书从习近平总书记的讲话中提取了两个与美好生活息息相关的变量——文化获得感与幸福感，进而考察文化获得感的内涵与结构，以及探究线上与线下文化消费与文化获得感、幸福感之间的关系。

2022 年 5 月，中共中央办公厅与国务院办公厅印发了《关于推进实施国家文化数字化战略的意见》，该意见从关联形成中华文化数据库、夯实文化数字

---

① 习近平. 自觉承担起新形势下宣传思想工作的使命任务 [M]// 习近平. 论党的宣传思想工作. 北京：中央文献出版社，2020：341.

化基础设施、搭建文化数据服务平台、促进文化机构数字化转型升级、发展数字化文化消费新场景、提升公共文化服务数字化水平、加快文化产业数字化布局、构建文化数字化治理体系等八个层面提出了具有针对性的重点任务。[①]无疑，这八个层面的重要部署将为保障公众的文化获得与提升公众的文化获得感提供重要的战略支持。因此，在这一背景下，探究文化获得感是适时且必要的。

本书基于我的博士毕业论文写成。2017年9月的一天，我得知自己有幸考入清华大学张铮老师门下，自此，我跟随张铮老师踏上了一段关于文化消费、文化产业研究的读博旅程。2018年8月，张铮老师与我共同撰写的《文化消费在收入与主观幸福感关系中的中介作用及边界条件探究》刊发在《南京社会科学》上，这篇文章启发了我从行为科学的视角关注文化消费的相关议题。2021年4月，因博士论文写作受阻，我将研究方向再次转向文化消费研究，当时，在清华大学照澜院的咖啡馆里，我多次请教了中国科学院心理研究所的周明洁老师，正是在她与张铮老师的指导下，我的博士论文才能顺利完成，而本书正是在我的博士论文基础上修改而成的，也是我学术生涯中第一部独立专著。

本书由9章构成。具体而言，第1章阐述了研究缘起与研究问题，呈现了研究框架与研究思路。第2章梳理了本书涉及的几大关键概念，如文化消费、获得感、幸福感，并分析了既有研究的局限性。第3章为本书的模型建构部分，使用中国综合社会调查（CGSS）数据，分析了文化消费、获得感与幸福感的关系，建构并检验了获得感在文化消费与幸福感关系中的中介效应模型。在该模型的基础上，第4章、第5章、第6章、第7章进一步围绕文化获得感的概念内涵、内在结构、前因与效应等问题进行了探讨。其中，第4章基于获得满足理论探讨了文化获得感的概念化和操作化定义：该子研究对23名被试者进行了半结构访谈，确定了文化获得感的7个内在结构，并编制了一个初步量表。第5章对该量表的有效性进行了测试：该子研究分别收集了两次问卷（$n_1 = 338$；$n_2 = 1073$），采用探索性因子分析（exploratory factor analysis，EFA）和验证性因子分析（confirmatory factor analysis，CFA）对量表进行

[①] 中共中央办公厅，国务院办公厅印发《关于推进实施国家文化数字化战略的意见》. (2022-05-22) [2023-06-27]. https://www.gov.cn/zhengce/2022/05/22/content_5691759.htm.

测试。研究结果显示，涵盖5个维度、21个测量题项的文化获得感量表得到验证，该量表具有良好的内部一致性信度和效标关联效度等。第6章考察了线上、线下文化消费与文化获得感的关系：该子研究将文化获得感视为功能性目标变量，结果显示，线上文化消费与线下文化消费对文化获得感及其5个维度具有正向预测作用，这表明两种文化消费模式是提升文化获得感的功能相等物。基于此，本研究依据清单理论划分了5种线上、线下文化消费清单，进一步讨论了这5种文化消费清单在时间层面的取代或补充作用，研究结果显示补充效应较为显著，因此，线上文化消费与线下文化消费的共同功能指向为文化获得感，而且二者是共生、补充的关系而非互相牵制的关系。第7章考察了线上与线下文化消费、文化获得感与幸福感之间的关系，研究结果显示，线下文化消费对幸福感的直接效应显著，而线上文化消费却因个体的"享乐适应"无法直接预测更高水平的幸福感。本研究为线上、线下文化消费通向幸福感的路径找到一个新的解释机制，即文化获得感，研究结果表明，线上、线下文化消费可以经由文化获得感间接提升个体的幸福感，而且文化获得感的中介作用在Z、Y、X三个世代之间具有普遍性。第8章从研究结果层面出发，为文化消费提升公众生活质量的路径提供了理论和实践上的贡献。第9章则论述了本研究的创新性与局限性。

C O N T E N T S　目录 ▶

第 1 章
文化数字化战略下的
文化消费与文化获得感

CHAPTER 1 ▶

文化数字化战略下

公众文化获得感研究

2022 年 5 月，中共中央办公厅、国务院办公厅印发了《关于推进实施国家文化数字化战略的意见》，该意见从关联形成中华文化数据库、夯实文化数字化基础设施、搭建文化数据服务平台、促进文化机构数字化转型升级、发展数字化文化消费新场景、提升公共文化服务数字化水平、加快文化产业数字化布局、构建文化数字化治理体系等八个层面提出了具有针对性的重点任务。这八个层面的重要部署将为保障公众的文化获得以及提升公众的文化获得感提供重要的政策支持，诸如线上与线下文化消费新场景的打造，以及新型文化业态和文化消费模式的培育等相关举措，将有助于公众获得新颖、高质量的精神文化产品，从而实现文化获得感、幸福感的提升。因此，在这一政策背景下，从文化消费的视角探究公众的文化获得感是适时且必要的。

"文化消费是一项社会活动，也是一种日常实践"（史都瑞，2001：序 xiii）。正如上述观点所述，文化消费是一种普遍的日常生活实践或生活方式，与每个人的日常生活密不可分。它关乎人民群众的精神文化需求，关乎个人的生活满意度与幸福感。文化消费与生活质量的关系，是一个兼具学理意义和现实意义的议题。在许多学者看来，文化消费是衡量个体生活质量或一个国家民生福祉的关键要素（Coulangeon，2015；李光明、徐冬柠，2018；资树荣、张姣君，2020），亦是一种可持续的生活方式（Veghes，2020），由是，文化消费对个人生活质量的影响效应备受学界关注。

　　我国的相关政策文件对文化消费与生活质量的关系议题给予了现实关切，为本书推进文化消费和生活质量的关系研究提供了新的研究视角和研究思路。党的十九大报告将新时代我国社会主要矛盾表述为："人民日益增长的美好生活需要和不平衡不充分的发展之间的矛盾。"[①] "美好生活"一词在一定程度上表征着生活质量，有学者就指出，文化消费是"大众满足自我美好生活需要的过程"（范周、林一民，2020：33）。习近平（2021：4，8）在《扎实推动共同富裕》一文中特别强调，共同富裕是"人民群众物质生活和精神生活都富裕"，促进人民精神生活共同富裕需要"不断满足人民群众多样化、多层次、多方面的精神文化需求"。此外，"人民精神文化生活日益丰富"也被写入《中华人民共和国国民经济和社会发展第十四个五年规划和2035年远景目标纲要》[②]中。因此，在学术界关注和政策支持的双重背景下，文化消费与生活质量的关系议题仍然是一个值得深入探究的研究议题。本书从相关文化政策中提炼出两个与美好生活息息相关的研究变量：文化获得感、幸福感。这两个关键词均诠释着美好生活，是深刻理解人民群众美好生活感知的题中之义；与此同时，在文化与科技融合、新业态与新模式等相关政策的引领下，公众的文化消费结构发生转变，线上和线下文化消费模式共同成为满足人民精神文化需求的生活方式，共同抢占文化需求市场。由是，本书将立足于中国的本土化语境，探究线上、线下文化消费与获得感、文化获得感、幸福感的关联。

---

① 在党的十九大报告中，习近平总书记强调了我国社会主要矛盾的变化。党的十九大报告全文参见：https://www.12371.cn/2017/10/18/ARTI1508330185050793.shtml.
② 《中华人民共和国国民经济和社会发展第十四个五年规划和2035年远景目标纲要》，参见：http://www.moe.gov.cn/jyb_xwfb/s6052/moe_838/202103/t20210315_519738.html.

1.1 研究缘起

1.1.1 数实共生：线上与线下两种文化消费形态

作为一个跨学科的研究命题，文化消费研究的学术版图由社会学、经济学、心理学等国内外相关领域学者共同绘制，例如经济学家凡勃伦（2009）提出了"有闲阶级""炫耀性消费"等观点；文化研究的代表学派法兰克福学派提出了对"文化工业"的分析路径（霍克海默、阿多诺，2020）；法国社会学家布尔迪厄（2015）提出了对"同源性""品位""文化资本"的论断；Peterson 和 Simkus（1992）对"文化杂食"的理论进行了阐述；心理学家马斯洛（2021）提出了需求层次理论；经济学家思罗斯比（2015）提出了"文化同心圆""文化价值"等。到目前为止，这些观点仍然是一代又一代国内外文化社会学和文化经济学研究者的理论资源和论证来源（方军，2018；朱迪，2017；胡安宁，2017；王宁，2017；Lizardo，2006；Towse，2010；Rössel et al.，2017；Leguina et al.，2016），不仅如此，文化消费研究及其相关理论也随着文化消费新业态和新消费模式的涌现而不断获得新的生命力。由于文化消费品中包含大量的媒介产品，而且许多实体空间的文化业态正在经历数字化转型，因此，国内外许多新闻传播学学者亦关注文化消费议题（莫利、张道建，2011；於红梅，2016；周凯、杨婧言，2021；Weingartner，2021）。

一般而言，学者们往往从广义和狭义两个层面对文化消费进行界定，广义上的文化消费特指"一切精神心理满足的社会实践"方式或活动，而狭义的文化消费指的是"一切文化消费品和文化劳务"（胡惠林，2014：120）。目前，文化消费的新业态和新消费模式已经不再局限于法兰克福学派所批判的文化工业中的大众文化（mass cultural）产品——电影、广播、杂志，网络音乐、网络游戏、网络视频、播客、动漫、数字阅读等数字化文化产品源源不断地释放着吸引力。得益于文化与科技的融合趋势，数字技术已经渗透到文化产品和服务的创作、生产、流通、展示、消费等环节，以数字媒体为主的线上文化消费（或被称为数字文化消费，两者是可以互相替换的概念）形态带来了文化消费研究的数字化转向。例如，国内学者范周（2019：63）认为"从线下到线上"和"从实体媒介到数字媒介"是文化消费从传统的、旧的消费形态向数字化形态转变的主要表现。澳大利亚传播学者弗卢（2018）在研究中指出，数字技术不断推动着位于供给侧的媒体、艺术和娱乐产业的创新，而位于需求侧的消费者则会更加容易获得"数字格式"的产品内容。

不仅如此，相关互联网报告调查显示，我国线上文化消费者的规模正在逐渐扩大。例如，中国互联网络信息中心（CNNIC）（2023）发布的《第51次中国互联网络发展状况统计报告》显示，截至2022年12月，我国互联网用户的规模达10.67亿，互联网普及率已达75.6%，其中，有7.83亿网络新闻用户、6.84亿网络音乐用户、4.92亿网络文学用户、5.22亿网络游戏用户、10.31亿网络视频（含短视频）用户，以及7.51亿网络直播用户，这些数字意味着线上文化消费用户的规模越来越庞大。尤其在2020年新冠疫情暴发期间，视频（包含短视频在内）、直播、游戏、网络动漫等新型数字文化产业成为受益者（China Daily，2020），线上文化产品或数字内容的消费成为文化消费的主要模式，线上消费内容、数字消费形式、在线消费场景共同构筑线上文化消费新业态。2020年，腾讯研究院对长视频、短视频、新闻、动漫等九大线上文化消费板块的分析显示，视频化、即时化成为线上文化消费的主要特征（胡璇、孙怡，2020）。由此可见，线上空间中的线上文化消费成为当下文化消费的主流和趋势，是满足人们精神文化、休闲娱乐需求的主要消费形态。鉴于此，了解当下消费者的文化消费模式、偏好及其与个体生活质量之间的关系，尤其是对多种类型的线上文化消费的研究，以及对线上和线下文化消费之间关系的研究，依然是文化消费研究持续关注的议题。

1.1.2 文化获得感：文化消费效果研究的新命题

从个体层面出发，探究基于媒介内容的文化消费对个体的影响属于传播学经典的效果研究范式，也是文化产业取得社会效益和落实责任担当的直接体现，二者的交集集中指向文化消费是否满足了消费者的需求以及如何提升公众的幸福感，这两个问题也是既有研究关注的重点（周春平，2015；张铮、陈雪薇，2018；Węziak-Białowolska，2016；Kuykendall et al.，2020）。学界与业界侧重于探讨文化消费与生活质量的关系，如贾旭东（2022：79）在研究中指出文化消费水平是"衡量高品质生活的重要指标"。同时，中国旅游研究院（2019）的相关调查报告显示，提高文化消费水平已经成为提升我国国民幸福感和生活质量的重要途径，是人民群众追求和向往美好生活的标志。

值得关注的是，在中国的时代背景下，文化消费研究有着鲜明的产业指向和政策指向，许多文化政策均有提及获得感、文化获得感等本土化概念，这些概念都与美好生活息息相关。2018 年，习近平总书记在全国宣传思想工作会议上正式提出"文化获得感"的概念，他强调"要推动文化产业高质量发展，健全现代文化产业体系和市场体系，推动各类文化市场主体发展壮大，培育新型文化业态和文化消费模式，以高质量文化供给增强人们的文化获得感、幸福感"（习近平，2020：341），这一重要指示不仅成为我国文化产业壮大和发展的政策依据和战略任务（解学芳、臧志彭，2021），也为我国建立和完善文化消费的长效机制指明了方向（黄永林，2020a：29）。2015 年，习近平总书记在中央全面深化改革领导小组第十次会议上提出了"获得感"一词（习近平，2015）。从内涵上看，获得感特指一种社会心态，即人民群众在物质与精神层面的满足感。相较而言，文化获得感的研究价值体现在两个方面：第一，文化获得感更加聚焦人民群众的精神文化生活，凸显公众在精神文化生活层面所获得的主观感受；第二，"文化获得感"是"文化"与"获得感"的合成词，它是对文化产业取得社会效益的新要求，也是文化消费对个体影响效应的新期待。总之，文化获得感这一关键术语对本书中研究问题的提出和研究思路具有深刻的启发意义，笔者认为，文化消费模式与文化获得感、幸福感之间的关系有待研究。

笔者认为，作为一个本土化概念，文化获得感与获得感一样，彰显着人文社会科学取向（史鹏飞，2020），兼具学理性和现实性。一方面，获得感本身与社会心理学研究领域中的需求满足感、幸福感、生活满意度等变量密切相关（董洪杰等，2019；王俊秀、刘晓柳，2019；谭旭运等，2020），并且与剥夺感是一对"一体两面"的相反概念（郑风田、陈思宇，2017；王浦劬、季程远，2018）；另一方面，从文化产业的角度分析，文化获得感的提出，明确了评价文化产业社会效益的新指标成为检验文化产品供给侧和需求侧匹配程度，以及文化产业高质量发展的新指数，那么，当下需要明确文化获得感的定义和测量手段，才能确立文化产业社会效益高低的判定依据和参照标准。诚然，以往研究揭示，文化产业社会效益的评价体系着眼于文化产品是否满足公众的精神文化需求，以及文化设施的覆盖率是否增进人民福祉等指标（于泽、朱学义，2014；杨海波、高兴民，2019），那么，作为新指标和新指数的文化获得感是什么？它包含了哪些内在结构？这是既有研究未解答的问题，也是本研究着重讨论的核心议题。

尤为重要的一点是，习近平总书记的重要论述和相关文化政策体现了社会心理学变量之间的关系，即新型文化业态、新型文化消费模式以及高质量的文化供给会提升公众的文化获得感、幸福感。换言之，线上与线下文化消费模式、文化获得感、幸福感三个变量之间的关系为该论述的核心。因此，本研究将重点考察文化消费模式与文化获得感、幸福感的关系，以及探究文化获得感是否会成为解释文化消费与幸福感关系的新机制。

1.2　研究问题与研究方法

本研究为一项基于文化政策的探索性研究，其核心研究问题为文化消费及其与美好生活的关系，本研究还将文化获得感、幸福感视为衡量美好生活的关键标准，它们亦是本研究模型建构的核心变量。

具体而言，本研究旨在回答三个主要的研究问题，具体如下。

研究问题一：如何定义和衡量文化获得感？

研究问题二：文化消费如何预测文化获得感？该问题又可细分为如下子研究问题：文化消费可以划分为哪些类型？线下与线下文化消费是否能有效预测文化获得感？线上与线下文化消费在影响文化获得感时是互补还是替代关系？

研究问题三：文化消费如何通过文化获得感影响幸福感？该问题又可细分为如下子研究问题：线上与线下文化消费与幸福感的直接关系如何？文化获得感是否在线上、线下文化消费与幸福感之间发挥了中介作用？在Z、Y、X世代中这三个变量的关系是否存在显著差异？

针对不同的研究问题，本研究将采用不同的研究方法。第3章将从获得感角度出发，使用中国综合社会调查（CGSS）数据建立文化消费、获得感、幸福感之间关系的理论模型；第4章与第5章的子研究1综合使用半结构访谈法与问卷调查法来回答研究问题一；第6章的子研究2和第7章的子研究3均使用问卷调查法来探索核心变量之间的关联，以此分别回答研究问题二和研究问题三。

本研究的概念构架与分析框架如图 1.1 和图 1.2 所示。

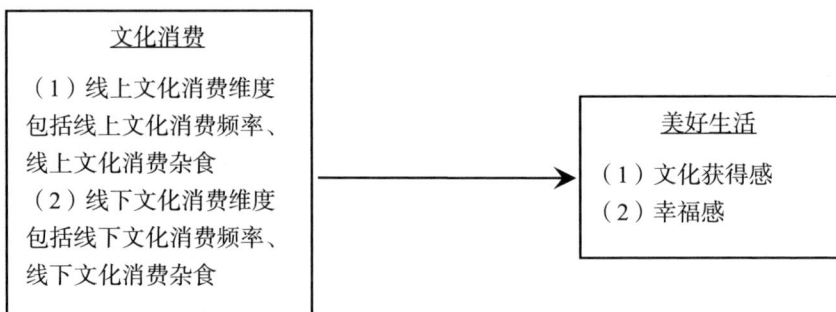

图1.1　概念构架

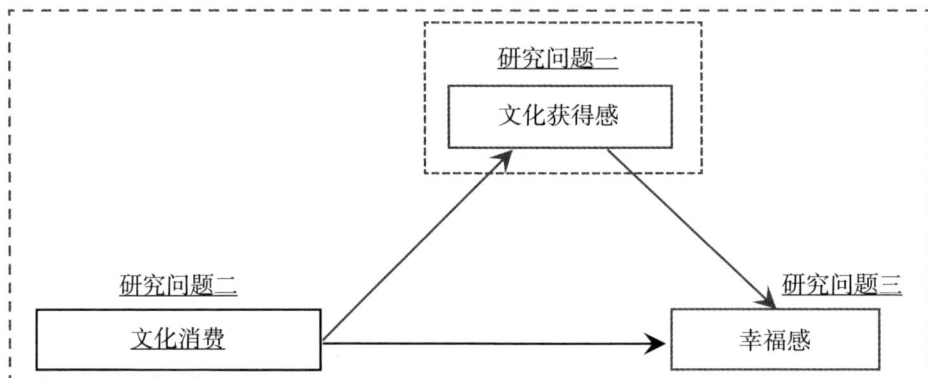

图1.2　本研究分析框架

1.3　研究框架与基本思路

基于前人研究和相关政策指导，本书试图阐释文化获得感的概念化定义和操作化定义，以及探究文化消费、文化获得感、幸福感之间的关系。为了上述研究目的，本研究将会提供一个适用于中国本土环境的可靠和有效的文化获得感量表，从多角度呈现文化获得感的内在结构及与其密切相关的测量题项，在此基础上，进一步探讨在政策指导背景下的文化消费模式（线上和线下）、文化获得感与幸福感相关议题和变量的关系。总而言之，本研究的主要研究内容包括以下三个方面。

第一，探索文化获得感的结构，编制文化获得感测量工具。首先，笔者在前人研究的基础上和既有理论指导下，确定文化获得感的概念化定义和操作化定义，并通过文献梳理形成初步的文化获得感结构，同时，利用访谈法自下而上地获得经验材料。其次，笔者对这些经验材料进一步编码，得到文化获得感在不同内在结构上的对应题项，形成项目池，从而形成初步的文化获得感量表。再次，在与相关领域的专家商定初始测量工具后，笔者对编制完成的初始版文化获得感量表进行施测，使用题总相关、项目的鉴别度分析和探索性因子分析对初步施测数据进行分析，删除不符合筛选标准的题项，形成初步的文化获得感自编量表。最后，对量表进行正式施测，并进行验证性因子分析，探究文化获得感在被试群体中的适用性，以及检验文化获得感量表与效标变量的关联度，最终形成正式的文化获得感量表。该子研究将回答第一个研究问题。

第二，开启本研究的正式调查，依据自行开发的调查数据，考察线上与线下两种文化消费模式对文化获得感的预测作用。从研究目的看，本研究将文化获得感视为两种文化消费模式的功能性结果变量，通过检验这两种文化消费模式与文化获得感的关系，进一步探讨线上文化消费与线下文化消费是否为取代关系。首先，使用子研究1中开发的正式版文化获得感量表来探究文化消费对文化获得感的影响，并且将文化获得感视为个体通过文化消费获得满足的功能性结果；其次，在对预测作用进行检验的基础上，进一步整合线上文化消费与线下文化消费清单，探究不同线下、线上文化消费类型之间的取代或补充关系。该子研究将回答第二个研究问题。

第三，依据自行开展的调查数据，检验不同文化消费模式即线下文化消费和线上文化消费在文化获得感、幸福感层面的效应，验证本研究建构的理论模型，一方面，检验文化消费与幸福感之间的直接效应，另一方面，检验文化获得感在文化消费与幸福感之间的中介效应。此外，子研究3将描述不同世代文化消费的现状和比较不同世代的文化消费差异，探究数字化是否加剧了不同世代在文化消费上的差异，以及通过进一步对比不同世代中文化获得感在文化消费与幸福感之间的中介作用来探究是否存在世代的差异。该子研究将回答第三个研究问题。

本研究的技术路线如图1.3所示。

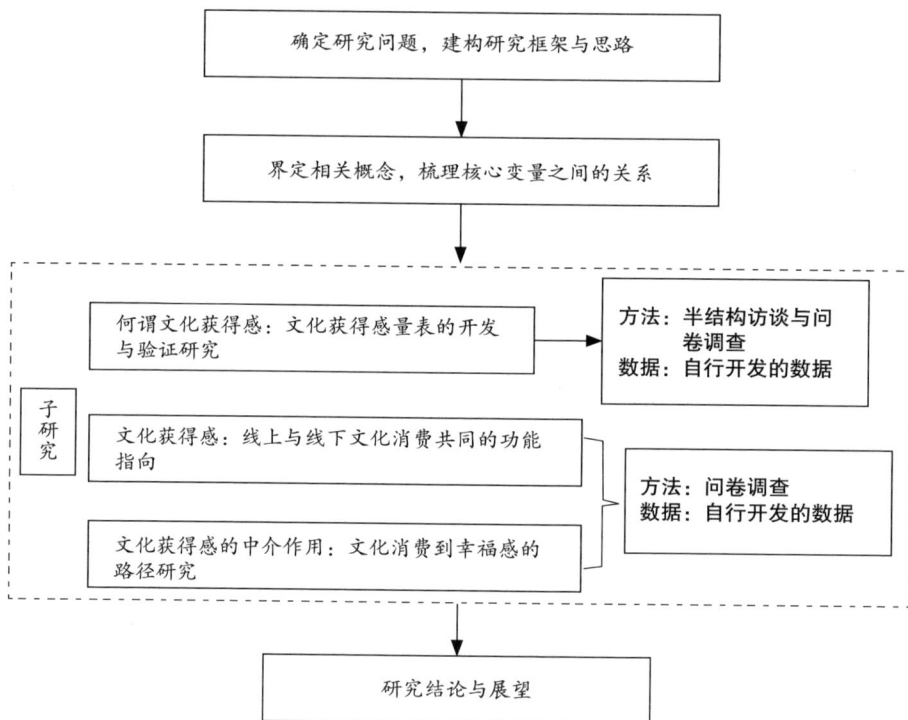

图1.3　本研究技术路线

第 2 章

核心概念与文献综述

CHAPTER 2

文化数字化战略下

公众文化获得感研究

为了了解文化消费及其效应研究的现状，本章主要从整体的、系统的视角对相关研究进行整理与归纳。本章梳理了以往研究在文化消费、获得感、幸福感等相关议题上的论点，对文化消费与线上文化消费这对具有延续关系的概念进行界定；同时，归纳了既有研究中不同侧面的文化消费维度，总结了文化消费与获得感、幸福感之间的关系。

2.1 文化消费的相关核心概念

本节界定了文化消费和线上文化消费的基本概念，同时关注文化消费的供给主体即文化产业，以及文化消费的需求主体消费者。

2.1.1 文化与消费

文化消费由"文化"和"消费"两个词构成。其中，文化是什么？为什么可以被消费？针对这两个问题，我们将追溯文化的内涵与消费的本质。

在文化产业与文化消费的相关研究中，"文化"一词渗透在文化产品和服务的内涵和文化产业的内在结构之中。文化研究的代表人物雷蒙德·威廉斯（Raymond Williams）在《关键词：文化与社会的词汇》（*Keywords：A*

Vocabulary of Culture and Society）一书中将文化的定义概括为三大类。第一种观点认为，文化是"18世纪以来思想、精神与美学发展的一般过程"，被视为一个"独立、抽象的名词"（威廉斯，2016：152）。第二种观点认为，文化表示"一个民族、一个时期、一个群体或全体人类的一种特殊的生活方式"（威廉斯，2016：152），是一个独立的名词。斯道雷[①]（2019：2）认为第二种文化是一种"'活的（lived）'文化或实践"，如青年亚文化、圣诞庆典等。第三种观点认为，文化是一个"独立抽象的名词"，用来描述"知性的作品与活动，尤其是艺术方面的……指音乐、文学、绘画与雕刻、戏剧与电影"，这一定义与结构主义和后结构主义学者所研究的"意指实践（signifying practices）"大致相同（斯道雷，2019：2）。这三种定义已经被既有学术研究频繁援引。其中，与文化消费相关的是"生活方式"和"知性的作品与活动"这两层含义。

在文化经济学研究中，思罗斯比（2015）在《经济学与文化》（*Economics and Culture*）一书中基于广泛人类学视角（anthropology sense）和功能视角（functional sense）将文化的含义划分为两层，文化的第一层含义为"描述一整套为某一群体所共有或共享的态度、信仰、传统、习俗、价值观和惯例"；第二层含义则为"与人类生活中的智力、道德和艺术方面相关的人类活动与活动成果"，或"如同艺术实践等活动"（Throsby，2001：4，16）。此外，Throsby（2001：16）认为第二种含义的文化具有三种突出的特征：1）文化生产中需要人类创造力或创意（creativity）的输入；2）文化是向消费文化的人传递象征性信息的工具，也就是说，文化不仅仅是功利性的，它还具有某种更重要的交流目的；3）文化至少潜在地包括一些知识产权（intellectual property），这些知识产权属于生产文化产品或服务的个人或团体。由于文化产品和服务具备上述这三个特征，因此，它们无法脱离"文化"一词。美国社会学家约翰·麦休尼斯（2019：54）指出，我们

---

① 这里将 John Storey 译为约翰·史都瑞，有的学者也将其译为约翰·斯道雷。

日常生活中所提及的文化指代"艺术形式",而艺术(arts)则是一个复数的概念,不仅仅包括绘画、摄影等视觉艺术,还包括以音乐、戏剧、舞蹈为代表的表演艺术,诗歌、散文、批评等文学艺术,以及电影、歌剧等综合艺术(转引自:哈灵顿,2010:2)。约翰·麦休尼斯进一步指出,那些定期去歌剧院或电影院的消费者是"有文化的",而且他们是在欣赏"生活中更加美好的事物"——这是对文化的一种狭义的界定,而这种狭义的文化所涉及的艺术形式,则组成了今天我们每个人日常生活中文化消费的主要客体。

消费是产品流通在消费市场的核心环节,可以满足人们对衣、食、住、行、文教、娱乐等方面的需求。威廉斯(2016)不仅对文化的含义进行了界定,也梳理了消费和消费者意涵的流变。沃德总结了威廉斯提到的消费的两类含义,即商品交换(commodity exchange)和毁坏(demolition)(Warde,2017:67)。前一种含义来自经济学,指的是"享用各种各类的货品与服务"(威廉斯,2016:152),第二种含义是早期英文里的用法,指向"摧毁、耗尽、浪费、用尽",词性较为负面(威廉斯,2016:131)。其中,第一种含义被广为接受。沃德(Warde,2017:60,70)认为消费是一个涵盖商品和服务的购买、使用和处理等的活动,尤其是在"观看表演和体验环境(地方、地点和景观)"等无形商品的消费行为中,我们不能使用消费这一动词表达对文化产品与服务的观看与体验,这时需要"将消费视为使用"(consumption as use),或者说是体验。

基于上述研究,笔者认为,"文化消费"一词中的"消费"具有多种表现方式,它不仅仅包括经济学中以货币支出获取消费品的经济行为,即购买文化产品与服务行为,还包括消费者在时间上的消耗,如浏览、欣赏、参与、观赏、沉浸、表演、收藏等对产品和服务的使用行为。因此,在本质上,文化消费体现了消费者对文化产品和服务的购买行为和使用行为。

2.1.2 文化消费与线上文化消费

2.1.2.1 文化消费

学术界对文化消费的研究由来已久，一般而言，学者们会把文化消费视为一种满足精神文化需求的消费行为，或是对文学、艺术、音像、出版等范围的文化产品和服务的消费（施涛，1993）。史都瑞（2001：xiii）在《文化消费与日常生活》一书中提出"文化消费就是文化的实践"（cultural consumption is the practice of culture），他认为文化消费并不只是"对文化的消费"，也在强调"文化消费生产了文化"，其中，"对文化的消费"指的是"消费某一样被标识为文化的东西"，"文化消费生产了文化"则着重表明消费者"挪用生产的商品（文化工业的商品），创制了文化"（史都瑞，2001：xv），他的观点在很大程度上受到了威廉斯对文化定义的第二层和第三层含义的影响。

文化消费中的"消费"一词体现了消费者如何与文化产品、服务联系起来。基于此，Wright（2016：576）在阐述文化消费的含义时，指出：

> 它（文化消费）的鲜明特征包括被消费的商品，如各种形式的视觉艺术、文学和其他印刷媒体、电影、电视和音乐，以及它们被消费的方式，即不仅仅是通过货币交换商品，但也通过静观、学术反思、个人探索等形式，将文化描述为一组不同于物质需求的特殊的象征性事物。

纵观既有研究对文化消费的界定，国内外相关领域的学者们抓住了文化消费的三大核心要素——属性、需求和消费行为发生的时空位置，并围绕这些要素对文化消费进行了定义。

第一，在文化消费品的属性层面，部分学者对文化消费的界定往往围绕着文化产品和服务的娱乐、审美、象征、精神形态等属性。例如，国内学者苏志平和徐淳厚（1997：153）将人们对"精神文化类产品及精神文化性劳务的占有、欣赏、享受和使用等"行为称为文化消费；戴元光和邱宝林（2009：序 1）认为，文化消费是"一种精神消费，并主要以广播影视作品、各类文艺演出、艺术展览、文化旅游等为消费对象"。可以看出，国内学者对文化消费的定义注重的是文化产品与服务的精神文化属性。国外学者对文化消费的界定往往围绕着"文化"和"艺术"两个关键词，这样一来，文化消费的本质就与审美、高雅的文化品位密不可分。Van Eijck（1997：199）认为"文化消费意味着处理文化或审美信息的过程"。Rössel等（2017）对文化消费的界定则凸显文化产品和服务的审美功能和工具用途，他们认为文化消费指的是具备审美和工具用途的商品和服务的消费，文化消费往往与艺术、文化和休闲领域相关，包括去剧院、音乐会、电影院消费等文化活动，看电视或读书，乃至购买服装和家具、去餐馆吃饭等，他们还指出文化产品和服务"主要具备审美功能，其次才是工具用途"，其主要功能和次要功能的相对重要性在不同文化产品和服务之间可能存在差异。Siu 等（2016）在研究中指出，文化消费是消费者参与一项文化活动或艺术活动，因此，文化消费在本质上仍与"文化、艺术领域挂钩"（Potts，2014：217）。

第二，部分学者从满足需求的视角出发来界定文化消费。李剑欣和张占平（2016：38）从更广义的范畴界定文化消费，认为其是"人们在经济条件宽裕以及具备闲暇时间的条件下，为了获取知识、陶冶身心、娱乐自我等而对物质形态的文化产品和劳务形态的文化服务进行的一种消费行为"；高莉莉（2019：18）则将文化消费界定为"消费者为满足精神文化需求，通过各种方式消费文化产品、参与文化活动、获取文化服务的行为的总称"。这两种定义都体现了文化消费的需求得到满足的价值。因此，文化消费不仅包括艺术、文化遗产，而且囊括了看电视、听广播、上网、读书、看报等可以满足人们的获得信息需求、自我发展需求和娱乐需求的多元形式。

第三，部分学者根据文化消费的发生位置或情境对其进行界定。Potts

（2014：218）认为，文化消费发生在具有文化内容的信息和体验空间中，在这个意义上，文化消费不仅关乎人、生活、社会、意义和审美体验，而且涉及更广泛的关于新价值主张的社会性消费。基于文化消费的属性和呈现形式，国内研究者也使用精神消费（尹世杰，1994）、精神文化消费（曹俊文，2002）、娱乐活动参与（刘能，2003）、精神文化生活（童世骏、文军，2019）、文化休闲消费（张云亮等，2020）、休闲消费（Kuykendall et al.，2020）、艺术参与（张苏秋，2020）、教育文化娱乐消费（国家统计局，2020）、视听消费（Evens et al.，2021）等具有相似意涵的概念来指代文化消费。

除此之外，我们很容易发现上述关于文化消费的定义存在一个共性，即均体现了文化消费的客体是文化产品及服务。文化产品和服务又被统称为文化商品（cultural commodities），即"能够购买和消费（欣赏或使用）的对象"（陶斯，2016：4），如影视、书籍、报纸等。联合国教科文组织（UNESCO，2009：20）从消费的客体角度对文化消费进行界定，指出文化消费或参与（consumption/participation）是"观众和消费者消费文化产品和参加文化活动、体验（例如，读书、跳舞、参加嘉年华、听广播、参观展览）"，它位于文化循环圈（cultural circle）的最后一个阶段（图2.1）。

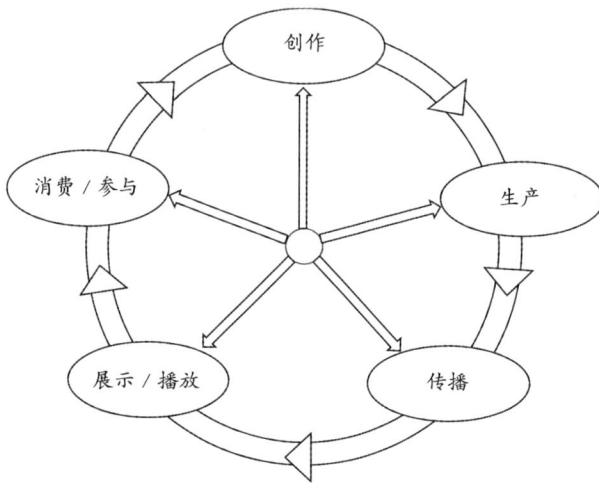

图2.1　联合国教科文组织提出的文化循环圈

本书基于联合国教科文组织对于文化消费的定义，将文化消费定义为作为消费主体的消费者对文化产品和服务的消费行为，包括消费者在文化产品和服务中付出的金钱（支出）和时间。

2.1.2.2　线上文化消费

线上文化消费是一种以"云上生活"为特征的文化消费类型，特指消费者使用手机等移动设备对数字化形式的文化产品与服务的消费，如网络音视频、网络动漫、网络游戏、网络文学等的消费。由于上述文化消费产品的呈现形式为数字内容，线上文化消费也被许多学者称为互联网文化消费。网络形式的文化消费成为当下文化消费的主流和趋势，是人们为了满足求知、娱乐、审美等需求，在数字媒体环境中自由选择的文化活动，是满足人们精神文化、休闲娱乐需求的主要消费形态，有助于丰富人民群众的精神文化生活。线上文化消费囊括多种消费类别，不仅包括用户对新闻、长视频、短视频、网剧、直播、播客、音乐、网游、动漫、网络文学等数字内容的消费，而且涉及传统文化产业数字化转型中所提供的新型"云端"文化产品及服务等消费子集。弗卢（2018）认为，数字媒体技术提高了消费者在获取数字格式的产品内容的易得性，这意味着数字媒体内容（digital media content）是在线文化消费的主要形式，用户可以更加方便、容易、自由地随时随地参与文化消费活动。

线上文化消费模式的流行得益于数字技术对文化产业的融入。近年来，数字技术呈现出前所未有的发展势头，大数据、人工智能、虚拟现实、物联网以"科技＋"的形式融入文化产业结构中，催生出以"文化＋科技"为核心的数字文化产业这一业态，促进了文化消费结构的数字化变革。在促进文化与科技融合发展的政策引领下，数字文化产业的主体日益壮大，传统文化产业数字化转型和网络信息产业数字化发展双轨并行。对于传统文化产业而言，推陈出新、革故鼎新、适应技术变革为上计，传统文化产业应在原有线下资源的基础上，以积极乐观的姿态拥抱当下的数字技术，转变原有的生产和供给模式，尝试探索数字平台的业务，不断适应技术革新后的文化消费市场。其中，以"云"为关键字的数字文化产品不断涌现，如云旅游、云逛展、云演唱会、云戏剧成为传统文旅机构拥抱"云端"产业的发展模式，是一种追赶线上文化消费潮流的新策略。同时，以数字文化产品和服务为特征的线上文化消费迸发出前所未有的活力，直播、网络游戏、网络视频、网络音乐、数字阅读、动漫等数字文化产品和服务发展迅速，消费者数量与日俱增。

总的来说，本研究所关注的线上文化消费包括互联网文化产品和传统文旅机构推出的数字化产品两种消费类型。2017 年文化部（现中华人民共和国文化和旅游部）修订了《互联网文化管理暂行规定》，指出互联网文化产品指的是"通过互联网生产、传播和流通的文化产品，主要包括：（一）专门为互联网而生产的网络音乐娱乐、网络游戏、网络演出剧（节）目、网络表演、网络艺术品、网络动漫等互联网文化产品；（二）将音乐娱乐、游戏、演出剧（节）目、表演、艺术品、动漫等文化产品以一定的技术手段制作、复制到互联网上传播的互联网文化产品"[①]。该定义指出了互联网文化产品的两种主要形式：一种是文化产业专门为互联网而生产的网络视听类、网络游戏、网络文学、动漫等互联网数字内容产品；另一种是文化产业利用技术手段制作、复制到互联网，并在互联网上传播和流通的文化产品。前者为我们日常消费的数字内容产品，后者则是传统文旅机构采取数字化实践路径所提供的产品。文化与科技的融合在一定程度上加速了博物馆、艺术馆、剧院等传统文旅机构的数字化发展，它们从提供实体空间的文化服务扩展到提供云端空间的数字化文化产品，具体案例如故宫博物院在微信小程序上提供的"数字故宫"展览、国家大剧院的线上演出等（如图 2.2 所示）。显然，第二种文化消费的数字化新形态是"将原本需要通过非电子化物质介质或非数字化手段提供的产品和服务转化为借助数字化技术来提

---

① 参见：https://www.mct.gov.cn/preview/whhlyqyzcxxfw/zhgl/202012/t20201222_919862.html.

供的产品和服务"（张铮，2021b：97）。

图2.2　传统文旅机构的互联网文化产品

　　数字技术对许多文化的生产和销售方式产生了巨大的影响，同时也对我们的消费方式产生了影响（Hellmanzik，2020：101）。具体而言，数字技术的变革在一定程度上影响着文化消费的产品形态和供给结构：一是降低了文化消费产品和服务的成本，并且增加了文化消费的多样性和供给数量；二是新技术带来的便捷性会提高需求量，为文化产业赢得更多的新消费群体。（Potts，2014）在《关于促进文化和科技深度融合的指导意见》的指导下，科技和文化既"各司其职"又"协同配合"，科技的"支撑"和"驱动"角色与文化的"引导"和"制约"角色是双向作用机制的内在机理（张铮、吴福仲，2019），科技与文化的逐步对接最终形成了业态新创、跨界融合、内容活化、技术嫁接等融合模式，实现了文化产业链的重构（李凤亮、宗祖盼，2016）。杨晓东和崔莉（2020）认为，技术作为驱动因素会不断催生人民群众对线上文化消费的激情，并激发数字文化产业新动能。

文化产业生产模式和供给模式的数字化转型必然会带来消费结构的变化，数字化的文化消费产品和服务供给重塑了用户的文化消费内容和消费习惯（范周，2019：229），使得文化消费不再受制于时空的束缚，消费者可以随时随地参与文化消费活动。文化消费结构变化的必然性，不仅让我们思考文化消费结构是如何变化的、呈现哪些变化趋势，而且还会引发我们对目前公众文化消费类型的思考。如今，文化消费不再局限于通过到某个地方旅游，在书店阅读书籍，去博物馆、美术馆看展来实现。传统的文化消费形态被数字文化所改写，数字文化产业对线上文化消费内容的供给趋于数字化、便捷化和丰富化，突破线下文化消费的固定时间（文化场所营业时间）与空间（实体空间）限制，使得文化消费在线上可以随时随地发生。例如，文化消费可以发生在地铁上、在家中或办公室，可以发生在任何闲暇或碎片化的时间。因此，数字文化产品和服务的供给趋于丰富化，人们日常生活中参与的线上与线下文化消费清单亟需整理和深入研究。

一方面，在文化和科技的融合进程中，线上与线下文化消费相互交织，是公众日常精神文化生活的重要构成，是一个不能忽视的主题，本书将从整合的视角描摹线上与线下文化消费形式。其中，线上文化消费包括了"新"创造出的文化产品和服务，还包括传统文化产品和服务的数字化形式，前者包括短视频、网络直播、网络游戏等数字内容，后者是"旧"的产业业态进行跨界融合后的新产物，即传统文化消费形式的数字化产品。另一方面，从取代与补充的视角来看，线上文化消费与线下文化消费在某些功能上具有相似性，Gallistl和Nimrod（2020）认为互联网提供了传统媒体的数字等同物（digital equivalent），图书、报纸、广播在互联网上摇身一变，转化为在线图书、数字报纸、网络新闻、博客、在线广播等数字化形式。虽然传统文化消费形式与数字文化消费形式在存在意义和价值上都有着自己的独特性，但是有国外学者认为它们是共存和互补的，而不是互相取代的（Evens et al., 2021）。尽管如此，关于这一议题，我国的本土化研究未达成共识，甚至较少关注二者的关系。因此，从中国的本土化研究视角来看，线上文化消费与线下文化消费的取代关系或互补关系亟需探究。

2.1.3 文化消费的供给端和需求侧

2.1.3.1 文化消费的供给主体：文化产业

文化产业是文化产品和服务的供给主体，具有鲜明的产业属性，被定义为"按照工业标准生产、再生产、储存以及分配文化产品和服务的一系列活动"（张晓明等，2002：2-3）。2018 年，为深化文化体制改革和持续推进社会主义文化强国建设，国家统计局依据《国民经济行业分类》、《2009年联合国教科文组织文化统计框架》和文化生产活动的特点，发布了《文化及相关产业分类（2018）》[①]。文中，国家统计局界定了文化及相关产业的定义与范围，其定义为"为社会公众提供文化产品和文化相关产品的生产活动的集合"，共分为 9 个大类、43 个中类、146 个小类。[②] 文化及相关产业涉及 6 个文化核心领域：1）新闻信息服务；2）内容创作生产；3）创意设计服务；4）文化传播渠道；5）文化投资运营；6）文化娱乐休闲服务。它们处于文化产业的核心圈层，是最主要的文化产业形态。除此之外，还包括 3个与文化相关领域：1）文化辅助生产和中介服务；2）文化装备生产；3）文化消费终端生产。它们是位于外围的、边缘的相关产业形态。

随着创意产业与文化产业的融合发展，"文化创意产业"（cultural and creative industries，简称CCI）一词变得耳熟能详。文化创意产业强调创意对文化产业的附加值，准确地讲，文化产业离不开创意。如今，无论是政

---

① 《文化及相关产业分类（2012）》适用至 2018 年，2018 年国家统计局重新调整并发布了《文化及相关产业分类（2018）》，见国家统计局官网：http://www.stats.gov.cn/tjsj/tjbz/201805/t20180509_1598314.html.

② 文化及相关产业分类（2018），参见：https://www.stats.gov.cn/sj/tjbz/gjtjbz/202302/t20230213_1902765.html.

府、业界还是学界，都对数字文化产业的发展格外关注（黄永林，2020b；陈宇翔、李怡，2021），数字文化产业指的是"依托于数字信息网络技术进行生产、传播、消费的文化经济活动"（张铮，2021a：12），它呈现出传统文化产业的数字化和数字文化的产业化两种趋势。数字文化产业提供的数字文化产品和服务成为人们日常主要的文化消费内容。国家"十四五"规划中明确提出"实施文化产业数字化战略，加快发展新型文化企业、文化业态、文化消费模式"①。从传媒经济学的角度来看，作为创意内容产业的媒介市场，是消费者实现文化消费的重要供给者。崔保国和陈媛媛（2021：16）在研究中指出"网络数字媒体和平台媒体已经成为传媒产业的主要板块"。从形式上看，大部分媒介商品都是"非物质的"（弗卢，2018：11），主要是以内容的形式存在。在 20 世纪末，Collins 等（1988：7）在对英国电视产业的研究中指出，以电视为代表的媒介产业给用户提供的是非物质形式的或无形的信息，而不是介质。李世晖（2018：16）也指出，"文化成为资讯内容的主要内涵"，换言之，网络视频、网络音频、网络动漫、网络游戏等既属于文化产品和服务，又属于数字内容。

2.1.3.2 文化消费的需求主体：消费者

文化消费的消费主体被统称为消费者，"消费"二字所涉及的不仅仅是经济学中的金钱交易和购买行为，还包括观看、浏览、聆听等参与行为。文化经济学家露丝·陶斯（Towse，2010）指出，从经济学的角度来看，文化创意产业中所有文化产品的消费者在购买音乐会门票、参观纪念碑或购买图书时，都可以被视为"消费者"。正因为文化消费的客体是"产品与服务"，因此"消费"所指代的行为包括购买、欣赏、使用等。以图书为例，无论是逛书店的人、购买图书的人，还是阅读纸质书和电子书的人，都可被称为文化消费者。

---

① 《中华人民共和国国民经济和社会发展第十四个五年规划和 2035 年远景目标纲要》，参见：http://www.moe.gov.cn/jyb_xwfb/s6052/moe_838/202103/t20210315_519738.html.

李康化（2016：4）强调了文化消费者的重要性，他认为在文化循环圈中，文化消费者不是一群孤立的、被动的参与者，他们并不是游离在文化市场之外的，而是主动的文化市场参与主体。在新闻传播学领域，作为"产消者"（prosumer）的数字内容消费者也得到了研究者们的关注，魏然（2015：237）在《新媒体研究的困境与未来发展方向》一文中引用达顿（Dutton）的观点："互联网新媒体与大众传媒明显不同的一个特征，是媒体的用户不再只是内容的消费者，同时也是内容的制作者。"产消者适用于参与式文化的媒介情境，在数字内容产品的流通中，用户同时参与了数字内容的生产环节和消费环节。这一概念指出，个体兼具消费者和生产者的双重身份，詹金斯（2012：5）的观点正与此呼应，他认为，"与以前把媒体制作人和消费者当作完全分立的两类角色不同，现在我们可以把他们看作按照一套新规则相互作用、相互影响的参与者"。譬如，以短视频为代表的线上内容是参与式文化发展中真正的赢家，2021 年 2 月 17 日，快手大数据研究院发布《2020 快手年度内容报告》，报告显示，快手平台上的月活跃用户占所有内容创作者的 26%（快手大数据研究院，2021）。

2.2　文化消费的研究维度

2.2.1　文化消费的测量维度

由于文化消费涉及购买行为与使用行为，即金钱消费与时间消耗，因此，既有研究中针对文化消费的测量维度包括频率、支出与时长。在前人对文化消费的研究中，国内外学者倾向于使用国家或科研机构发布的全国性大样本微观数据进行研究。在我国，全国性的文化消费调查数据库有

中国综合社会调查、中国社会状况综合调查（CSS）、中国家庭收入调查
（CHIP）、中国家庭追踪调查（CFPS）、国家统计局等相关统计数据库，前
两个数据库以居民参与文化消费的"频率"为测量指标。张晓瑾和关远
（2015）、陈世香和曾鸣（2021）以及钟方雷和李思锦（2021）等人就在研
究中询问了公众参与文化消费的频率，以此作为针对文化消费的测量题目。
高莉莉（2019）则选取CFPS中的娱乐休闲和社会交往时长来测量文化消
费，包括个人在工作日和休息日进行文化消费的具体时长。可见，在对文
化消费的测量中，国内学者更多地使用时长、频率这两个维度；国外研究者
同样也使用频率、支出、时长等维度对文化消费展开测量，如表2.1。

表2.1 前人研究中文化消费的测量维度

文化消费测量维度	国家	群体	研究者（年份）
频率：听音乐（通过电脑、手机、平板和收音机）、去电影院、去博物馆、观看表演艺术、看书（纸质书和电子书）	意大利	年轻人	Segre and Morelli（2021）
频率：去剧院、去看歌剧、去博物馆或艺术画廊、去酒吧/酒馆/餐馆结识朋友、做运动、观看体育赛事、去电影院、散步和远足、园艺等线下休闲活动；网上购物、金融和网上交易、电子邮件、搜索新闻、网络聊天、下载程序、网络广播、视频游戏、浏览互联网等线上休闲活动	瑞士	年轻人	Vacchiano and Bolano（2021）
频率：外出观看电影/戏剧/表演、听音乐会、外出看体育比赛、运动健身、打麻将/打牌、读书、看报、郊游/钓鱼/户外活动、外地旅游、玩电脑游戏/上网、去迪斯科、去卡拉OK、去酒吧、串门聊天	中国	城市务工人员	张晓瑾和关远（2015）

续表

文化消费测量维度	国家	群体	研究者（年份）
频率：看电视或看光碟、看电影、读书看报、参加文化活动、听音乐、现场观看体育比赛、参加体育锻炼、上网	中国	农村居民	陈世香和曾鸣（2021）钟方雷和李思锦（2021）
支出：在文化和娱乐耐用消费品、其他文化和娱乐用品、文化和娱乐服务以及旅游度假服务上的支出	中国	城乡居民	桂河清和孙豪（2021）
支出：城镇居民和农村居民的人均文化教育娱乐消费支出	中国	城乡居民	张敏（2017）
时间：工作日和休息日的娱乐休闲和社会交往时间，如使用传统媒体（报纸、杂志、广播）、听音乐、使用互联网娱乐、锻炼、业余爱好、游戏、消遣活动、玩耍、社会交往等的时间	中国	居民	高莉莉（2019）

在以文化消费支出为测量维度的研究中，个人或家庭文化消费支出占总消费支出的比重、文化消费占收入或可支配收入的比重是最主要的测量方式（曹俊文，2002；何昀等，2016）。国家统计局则使用居民消费支出中的教育文化娱乐支出，即"用于教育、文化和娱乐方面的支出"[①]来作为文化消费的测量维度。中国家庭收入调查（CHIP）同样使用城乡居民家庭人均文化消费支出作为文化消费的测量维度，桂河清和孙豪（2021）则使用家庭人均文化消费支出的自然对数来测量文化消费。

此外，还有研究者使用艺术品的收藏数量来测量高雅文化消费的品位，如方军（2018）使用拥有艺术品的数量以及拥有抽象艺术品的数量来测量文化消费。这里的文化消费强调的是消费者对文化产品的"占有"或拥有。

---

① 国家统计局每年都会发布《中国统计年鉴》，年鉴中涉及教育文化娱乐支出，参见：http://www.stats.gov.cn/tjsj/zbjs/201912/t20191202_1713055.html.

2.2.2 文化消费的分类

根据不同的分类原则，文化消费被分成不同的类别，传统分类形式包括将文化消费分为个人的或集体的、私人的或公共的、主动的或被动的、室内的或室外的、国内的或国外的等。随着数字技术的发展，传统的分类方式依然存在，新的分类方式也在逐渐形成，如将文化消费分为实体的或虚拟的、线上的或线下的。传统分类和新型分类形式互不排斥。总体而言，通过归纳和分析，学者们比较认可的文化消费分类形式主要有以下几种。

（1）基于文化消费对象的基本形态，文化消费可分为物质形态消费和非物质形态（或被称为服务形态）消费，就是我们经常提及的文化产品消费和文化服务消费。有学者认为文化消费的实质是对"物化形态和非物化形态的精神财富的消耗"（苏志平、徐淳厚，1997：153）。其中，物化形态指的是看得见、摸得着的实物，如报纸/书籍/杂志等纸质出版物、文创周边、黑胶唱片等；非物化形态是指文化服务，如演唱会、音乐、电视节目等，以及数字文化消费中的数字内容（如游戏、网络动漫等），这些文化服务具有"看得见、摸不着"的隐性属性（郭鸿雁、李雅丽，2021）。厉以宁（2018：5）在文化经济学视角下，将文化消费对象分为两类，一类是表现为"物化形态"的文化产品，如音像制品、美术作品、书刊、手工艺品等；另一类是"精神服务"形态的文化产品，一般是文化艺术部门和单位提供的服务，如歌舞演出、演唱会、演剧、评书、相声等。高莉莉（2019：18）指出，两种形态的文化消费具有替代性和互补性的特征：替代性表现在同一种文化消费形式在有形的产品和无形的服务之间是共存的、可以相互替代，如用Kindle阅读器、微信读书App等看电子书和看纸质书的本质相同；互补性体现在不同产业链的互补，如游玩迪士尼乐园、观看博物馆展览是文化企业提供的文化服务形式，是无形的体验方式，而提供可购买的迪士尼IP的玩偶、手办、博物馆的周边则是文化服务在文化商品制造业不断延伸自己的产业链的表现。

（2）基于文化消费的自主性和监督性，文化消费又被分为结构性的文化消费活动（structured leisure activity）与非结构性的文化消费活动（unstructured leisure activity），这种分类主要关注青少年和儿童两类群体。结构性的文化消费活动指的是被安排的、有组织的、有计划的，往往是在成年人的监督下完成的文化消费活动，其目的是发展和提升青少年、儿童的技能，如体育活动、音乐课等（Eccles et al., 2003）；非结构性的文化消费活动则强调青少年和儿童的自主性，他们不再受家长们的监督、束缚和安排，这类文化消费包括一些他们可以自主选择的休闲娱乐活动，如使用社交媒体、阅读、和朋友打球等。

（3）按照不同需求层次来划分，文化消费可以划分为消遣型、娱乐型、享受型、社交型、发展型和智力型（苏志平、徐淳厚，1997：155）。消遣型与娱乐型这两种类型能够满足人们基本的文化需求，是比较大众化的形式；享受型、社交型、发展型和智力型消费能够满足人们较高层次的需求，可以提升个体的能力、培养技能。谭延博和吴宗杰（2010）依据文化消费的不同层次，将文化消费划分为基础类、娱乐类和发展类三类，如看电视、看书、看报纸等属于基础类文化消费，上网、去KTV、玩电子游戏则属娱乐类文化消费，参观博物馆、艺术馆的展览以及去剧院看歌舞剧等则属于发展类文化消费。此外，李剑欣和张占平（2016）将文化消费划分为娱乐型、教育型、潮流型和传统型。

（4）按照个体消费的主动性和被动性，可以将文化消费划分为主动文化消费和被动文化消费。如Węziak-Białowolska（2016）将文化活动参与分为主动艺术参与和被动文化参与，主动艺术参与包括演奏乐器或唱歌、绘画、雕塑等，被动文化参与包括去电影院看电影、去剧院看歌剧和参观展览。在此基础上，Throsby（2010）将主动文化消费和被动文化消费进一步细分为五种：第一种是包括去文化场所的到场（attendance）形式；第二种是成为书、杂志、报纸的读者（readership），包括看、买、借等行为；第三种与电视和广播的收看与收听（view and listen）有关；第四种涉及线上文化消费产品和服务的获得（access），如下载、观看等；第五种被他称为创意参与（creative involvement），如写诗、唱歌、演奏、绘画等。

（5）基于文化消费行为发生的空间（即"场所"），可以将文化消费划分为在地的文化消费、在场的文化消费、在线的文化消费（张铮，2020：98）。在地的文化消费指的是需要在某一固定地点产生的消费行为，如在电影院看电影、在剧院看话剧和音乐会、在博物馆看展览；在场的文化消费指的是可以不受固定时间限制的休闲行为，如看电视、看报纸等；在线的文化消费则更多地指代个体通过移动设备进行的文化消费形式，可以随时随地参与。按照这种划分思路，还有学者将其分为线上文化消费和线下文化消费两种形式（Vacchiano & Bolano，2021），线上文化消费对象更多的是数字内容，包括网络音视频、网络游戏、网络文学等。国内学者李康化（2016：70，73）将文化消费划分为赛博空间的文化消费与现实空间的文化消费，他认为传统现实空间的文化消费发生在"特定的二维时空"，赛博空间的文化消费则需要依靠一些终端硬件装置和特定的软件系统，来实现虚拟世界中文化产品的消费，这种分类方式是由于数字技术的介入而出现的。

除了上述五种文化消费的分类形式之外，还有很多研究会基于社会学理论对文化消费进行细致分类，如高雅文化消费与大众文化消费之分、单食消费与杂食消费之分。下文将会结合具体文献进行阐述。

2.2.3　文化消费类型：一个清单的研究视角

在有关媒介选择与媒介接触的研究中，"repertoire"一词是多元化媒介选择时代的一个关键词，国内学者将其译为"储备"（潘忠党、於红梅，2010）、"菜单"（喻国明等，2020）、"剧目"（闫文捷等，2020）。然而，在民俗学与艺术学领域，"repertoire"通常被译为"传统知识储备和个人才艺"（巴莫曲布嫫，2008），可见，该词在不同的学科语境下有不同的译法。本书将其译为"清单"，即个人参与的文化消费活动列表或类别，"清单"更符合文化消费或媒介研究的语境。

在新闻传播学领域和文化社会学研究中，"清单"一词与媒介、休闲、视听等词组合，组成了媒介清单、休闲清单、视听清单等概念。

许多新闻传播学领域的学者从"媒介清单"（media repertoire）这一术语出发，来研究人们选择的所有媒体平台或是内容类型（Taneja et al.，2012；Kim，2016）。关于媒介清单的早期研究源于电视受众对多种媒介频道的选择，频道清单的概念就是Heeter等（1983）、Heeter（1985）在对电视观众的研究中提出的，它指的是个人或一个家庭经常观看的电视频道合集。随着数字媒介的出现，生活在富媒体时代的学者们开始以整体的视角关注用户在跨媒介平台上的媒介清单，如Taneja等（2012）运用59种详细的媒体使用方式，研究了美国成年媒体用户的跨媒介使用模式，他们发现了4种媒体使用清单，分别为：1）使用计算机办公，如写电子邮件、使用办公软件等；2）看电视，如看商业节目、娱乐节目、新闻节目等；3）使用手机移动媒体，如发短信、电话聊天、看手机网页等；4）使用网络媒体，如浏览在线视频网站、数字视频直播、网络新闻等。Kim（2016）通过主成分因子分析对16种媒介使用行为进行分析，最终确定了5种媒介清单：看电视娱乐节目、上网、在传统媒体上获取新闻、看大众报纸、只看有线电视。除了国外学者对媒介清单的研究外，国内学者如喻国明等（2020）尝试在媒介清单的视角下探索居民对22种手机软件的使用状况，最终归纳了7种媒介清单：工具型媒介清单、社群型媒介清单、游戏型媒介清单、泛娱乐型媒介清单、资讯型媒介清单、短视频型媒介清单、实惠型媒介清单。Kwon等（2021）将这种手机软件的使用形式称为"移动软件清单"。

在文化社会学或休闲学研究中，"休闲清单"（leisure repertorie）一词与媒介清单有着相同的意涵。Iso-Ahola（1980：141）将休闲清单定义为"一个人在日常闲暇中可能参与的所有活动"。随着移动设备和互联网的发展，使用数字媒体和传统媒体成为人们日常生活中的核心休闲活动，Gallistl和

Nimrod（2020）认为休闲活动"被媒介化"（mediated），并成为个人媒介清单的一部分，他们将传统媒介和数字媒体上的休闲清单称为基于媒介的休闲清单，这一术语实现了休闲清单和媒介清单在种类上的合并。在线休闲活动的清单研究也得到了学者们的关注，诸如，Gallistl 和 Nimrod（2020）调查了奥地利、加拿大等 7 个国家老年网民的在线和离线的休闲活动，如使用社交媒体、浏览在线新闻、使用线下大众媒体、听在线广播、看可选择的书、看视频等 7 种基于媒介的休闲活动清单。Vacchiano 和 Bolano（2021）发表了一项针对瑞士年轻人参与线上和线下休闲活动的研究，他们运用主成分因子分析将在线休闲活动分为三类：1）访问或交易，包括网上购物、搜索新闻、收发邮件等行为；2）聊天，包括在网上聊天、听在线广播等；3）游戏，包括玩视频游戏、浏览网上内容。考虑到短视频、直播在数字媒体时代的核心地位，Evens 等（2021）建构了视听消费四重衔接的概念框架（Quadruple articulation of audiovisual consumption）来弥补传统视听消费研究的不足，他们认为平台、屏幕、内容和环境是四个相互衔接、相互作用的部分，它们共同塑造了视听消费清单（audiovisual repertoire）。

既有研究不仅描述性地刻画了多种清单的存在，还探究了与每种清单相关的受众特征，预测了影响人们选择这类清单的因素，譬如性别、年龄、教育、收入、职业、政治兴趣等因素（Van Rees & Van Eijck，2003；Vacchiano & Bolano，2021；喻国明等，2020），除了这些个体特征因素之外，Kim（2016）还检验了区域（是否生活在特大城市）、用户的可获得性（audience availability）等结构性因素对媒介菜单的预测结果。

通过对清单等相关理论概念的梳理发现，上述研究对本书的研究思路有着重要的借鉴价值，可以发现，基于清单的研究体现了用户媒介使用行为的"类聚"。因此，本书将立足于文化消费视角继续发展清单这一概念，并整合线上线下文化消费清单，即人们为了满足娱乐、审美、求知等需求，在日常生活中所选择的多元文化消费活动的集合。

2.2.4　文化消费者分割：人以"群分"

沿着清单的研究路径，对"受众"进行分割（audience segmentation）是清单相关研究的下一个步骤。许多研究会基于文化消费的类型将消费者／受众／用户群体细分为不同的子群。文化消费与社会分层的密切关系是文化消费研究所关注的重点。在凡勃伦的经典著作《有闲阶级论》中，拥有闲暇时间的上层阶级被统称为"有闲阶级"。而布尔迪厄则立足于"同源性理论"将消费群体分为两类，消费得起高雅文化的人处于上层群体，大众、通俗文化的消费群体为下层群体，这一论断体现了文化消费会造成阶层"区隔"。Peterson 和 Simkus（1992）提出"杂食"（omnivore）概念之后，又提出了"杂食者"（omnivores）和"单食者"（univores）这两种群体的社会区隔的概念，处于较高社会阶层的人会"欣赏所有独特的休闲活动、创造性形式以及经典艺术"（Peterson & Simkus，1992：252），因此被称为"杂食者"。也有学者用兼收并蓄的消费者（eclectic consumers）来替代杂食者的概念（朱迪，2012；Coulangeon，2015；Weingartner & Rössel，2019；Gallistl & Nimrod，2020）；处于较低社会经济地位的人则消费某一种类型的文化，被称作"单食者"（Peterson & Simkus，1992）。在此基础上，Chan 和 Goldthorpe（2010）划分了三种类型的消费者："杂食者"、"非杂食者"（paucivores）和"不活跃者"（inactives），与 Peterson 和 Simkus（1992）对杂食者的界定相同，杂食者会消费更多种类的文化产品与服务；非杂食者则消费有限的文化产品与服务；不活跃者指的是不消费的人。Chan 和 Goldthorpe（2010）的研究结果表明受教育程度是造成消费者分层的主要因素。

后来的研究者利用聚类分析、潜在类别分析或潜在变量分析这三种主要的研究方法来探究文化消费者所在的不同"群组"（cluster／group），以及每个群组不同的媒介偏好。例如，Weingartner 和 Rössel（2019）将文化消费者分为：不活跃的群组、仅频繁消费高雅文化的群组（intense highbrow）、中等频率的兼收并蓄消费的群组（moderate eclectic），其中，第三种消费群组是消费流行文化和中等频率高雅文化的人。Gallistl 和 Nimrod（2020）以清单的研究视角切入，将老年互联网用户分为四类：1）创新的传统主义者（innovative traditionalists），他们更加偏好传统大众媒体的在线和数字形式的内容，如在线新闻、在线广播和电子书；2）娱乐寻求者（entertainment seekers），即将大部分时间用在社交媒体上和在网上消磨时间的人；3）精挑细选的内容消费者（selective content consumers），属于这一群组的人会频繁地浏览在线新闻和视频，但他们在浏览社交媒体和上网消磨上花费的时间较少；4）兼收并蓄的媒介使用者（eclectic media users），他们对所有休闲活动的参与频率都较低，而且媒介使用时间都少于其他三组。在中国语境下，Gong 等（2020）研究了跨媒介使用清单，他们利用潜在类别分析将中国青年媒体用户分为六类：贪婪的杂食者（voracious omnivores）、适度的杂食者（moderate omnivores）、以交流为主的人（communication oriented）、专注于数字形式的人（digitally focused）、媒介使用频率相对较少的用户（minimal users）、热衷于印刷用品者（print interested）。Vandenplas 和 Picone（2021）则以媒介清单理论为理论依据，将用户划分为电视导向的群体（television oriented）、浅层用户（dabblers）、萌芽期的热衷者（budding enthusiasts）、娱乐寻求者（entertainment seekers）、闲逛者（allrounders）、高品位寻求者（quality seekers）。除此之外，这些研究还关注不同群组在文化消费、休闲或媒介使用上是否存在偏好的差异，以及用性别、年龄等人口学变量描绘和预测不同的群组。

文化消费研究需要关注细分人群类型，才能更好地理解不同人群的文化消费行为、偏好与品位，也有助于理解文化产业针对不同文化消费品与文化服务进行精准投放的营销策略。本研究认为线上与线下文化消费研究需要从技术的视角来细分人群类型，如将消费者群体分为 Z、X、Y 世代，从根本上体现了不同世代群体在数字化、媒介化程度上存在的差异；本研究也希冀通过这一分类形式进一步观察文化消费者的细分类型。

2.2.5　文化消费的杂食性：从彼得森到瓦尔德

多样性是清单研究的另一关注点（Lee et al.，2020；Lee & Heo，2020），文化消费研究者将其称为文化杂食性，即个体对多种文化消费形式的消费。杂食性的概念维度和操作化定义也在不断演进。

自布迪厄发表著作《区隔》以来，"区隔"一词一直与文化消费有着密切联系，文化消费也成为促进社会不平等结构再生产的阶层标识。由此，"文化同源性"（homology）在很长一段时间内成为文化消费与阶层或社会经济地位的解释框架。同源性的本质是文化产品的高低品位与社会阶层的高低层次对应，不同阶层的消费者会依据自己拥有的经济资本和文化资本，消费不同档次的文化产品类型，位于高社会地位的消费者自然而然地去消费古典音乐等高要求、复杂的高雅文化产品。相反，那些大众文化产品或无聊的文化（trivial culture）产品的消费群体主要是处于低社会阶层的人，他们更喜欢通俗音乐、肥皂剧、喜剧等文化产品。虽然文化同源性得到了很多学者的认可和进一步证实，但是被一些学者质疑。彼得森和西姆库斯（Peterson & Simkus，1992）创造性地提出了"文化杂食"理论，文化杂食意为一个人兼具高雅文化品位和大众文化品位，与其对应的概念是文化单食，指仅具有高雅文化品位或大众文化品位的人。根据文化杂食理论，文化特权者的特征将不再是仅消费高雅文化，而是"对所有与众不同的休闲活动和创造性形式的欣赏，以及对经典艺术的欣赏"（Peterson & Simkus，1992：252）。该理论也在一定程度上挑战了文化同源性所倡导的高雅文化与高阶层、大众文化与低阶层的简单区分。彼得森等人对文化与阶层同源性持有否定态度，且进一步证实了杂食性与社会阶层的新关系，他们的研究发现处于高社会阶层的人更倾向于文化杂食，即社会地位较高的人既能欣赏高雅文化，又能体验大众文化。相比之下，社会地位较低的人则仅消费大众文化产品。之后的许多实证研究都证实人们参与文化消费越来越活跃，同时，文化杂食性也越来越突出（Weingartner & Rössel，2019），即人们会选择多样化的文化消费形式。

因此，有学者区分了两种不同的杂食类型：结构组成上的杂食（omnivorousness by composition，简称OC）和数量上的杂食（omnivorousness by volume，简称OV）。前者继承了彼得森杂食性的原始意义，体现在"跨越象征意义的边界（symbolic boundary-crossing）"（Warde & Gayo-Cal，2009：121），特指高雅文化、大众文化、无聊文化等不同品位的文化形式的组合。后者强调所消费文化产品或者所参与文化活动的数量，即有些人比其他人消费更多的产品或参与更多的活动，并偏好更广泛的文化项目。目前，这两种测量文化杂食性的维度也被很多学者借鉴，诸如，魏因加特纳（Weingartner）扩展了结构组成上的杂食和数量上的杂食的概念，依据真实的消费行为和偏好再细分出四个测量维度，即消费结构组成上的杂食、消费数量上的杂食、偏好结构组成上的杂食以及偏好数量上的杂食，其研究结果显示，以互联网为首的数字媒体强化了文化杂食性效应（Weingartner，2021）。Coulangeon（2015）则继续坚持结构组成上的杂食主张，他以音乐品位为研究对象，区分了选择性的杂食和广泛的杂食两种音乐品位。Lizardo和Skiles（2012）、Weingartne（2021）则采用数量上的杂食这一维度来测量文化选择的多样性。在有关休闲清单的研究中，Lee等（2020）将休闲清单视为休闲多样性，Lee和Heo（2021）将人们参与的艺术和文化活动清单视为活动参与的多样性，这两项研究均使用多个清单累加求和的方式测量文化消费多样性这一变量。本研究将借鉴"数量上的杂食"来测量文化消费的杂食性。

2.3　获得感

文化获得感为本书着重关注的概念，它是获得感的延伸概念及重要组成部分。目前国内学者对获得感的研究成果较多，因此，笔者回顾了国内学者研究获得感的文献。

2.3.1　获得感的概念界定

获得感具有三重性质：它是一个政策概念，是一个流行语，也是一个学术关键词。作为一个中国本土化的政策概念，获得感是在"我国全面深化改革、转变经济社会发展模式、实现共享发展的时代背景下"提出的（谭旭运等，2020：1），首次提出的时间为 2015 年 2 月 27 日，习近平总书记在中央全面深化改革领导小组第十次会议上的重要讲话中强调，"让人民群众有更多获得感"（习近平，2015），后来在党的十九大报告和许多政府工作报告中，"获得感"一词成为关系人民群众美好生活的关键词。"获得感"一词带有鲜明的时代内涵和社会价值，一方面，获得感与美好生活密切相关，获得感的提出契合了我国社会矛盾转变的现实，即我国社会主要矛盾已经从人民日益增长的物质文化需要与落后的社会生产之间的矛盾，转化为人民日益增长的美好生活需要和不平衡不充分的发展之间的矛盾，而满足人民群众美好生活需要是获得感的重要内涵。另一方面，获得感与中国特色社会主义建设的总体布局紧密联系，是广大人民群众对改革开放取得的发展成果的主观认知和评价，体现在政治建设层面、经济建设层面、社会建设层面、文化建设层面以及生态建设层面的满足感，因此，获得感被赋予了更多的政策属性。"获得感"一词"出圈"的标志事件是其被《咬文嚼字》杂志评选为"2015 年十大流行语"之一，它在一定程度上表示个体

"获取某种利益后所产生的满足感"[1]，它与民生息息相关，强调人民群众在全面深化改革过程中的收获。

为什么说获得感是一个学术概念呢？从获得感提出至今，它得到了很多学者的密切关注，尤其是社会心理学、政治学和马克思主义研究领域的学者们，他们认为获得感是一个具有可测性的学术概念，而解答如何保证人民群众享有更多的获得感这一问题的前提是界定和衡量获得感。与此同时，"获得感"作为时代发展中的新词，与"幸福感"和"生活满意度"具有同等学术价值，而且它超越了幸福感和生活满意度测量个体心理感受的概念界限，因此有学者认为我们可以将获得感视为一个衡量社会心态的重要指标（王俊秀，2018）。不仅如此，新闻传播学领域的学者也关注到获得感这一重要议题（何威等，2020；董红兵、何志武，2021）。

综合现有的学术研究来看，学者们对获得感的内涵界定较为清晰。既有研究对获得感的定义比较一致，从字面意义来看，"获得感"由"获得"和"感"组成，因而获得感也被普遍定义为"（客观）获得的主观感受"（丁元竹，2016；曹现强、李烁，2017）。学者们认为获得感的含义体现为两种形态：客观获得与主观获得。前者表现为一种实实在在的获得，即人民群众获得物质资料、公共服务等社会供给，获得公民权利，乃至获得经济、文化、社会、生态、政治等层面的改革发展成果。主观获得则指向人民群众的需求满足、均衡感和满意度等主观感受。邢占军和牛千（2017：107）从民生的视角界定获得感，他们指出获得感是"反映社会供给满足民生需求程度的重要指标"。谭旭运等（2020）则认为获得感是一种与个体需求满足程度密切相关的心理认知和体验。总之，获得感所涉及的主观和客观两个层面相互依存、互相联系，不能独立存在。孔德永和韩园园（2021：100）也赞同对这两个层面的获得感的区分，他们认为获得感"既强调人们物质

---

[1] "咬文嚼字"发布的2015年十大流行语，参见：http://culture.people.com.cn/n1/2015/1215/c87423-27932599.html

层面的实际获得，又关注文化精神层面的真实需求"，而丁元竹（2016：18）
则总结了获得感的主客观形式，即"拿在手里，喜在心里"，这句话既表达
了获得感的客观性和实在性，又表达了个体的心理满足感。

2.3.2 获得感的测量

获得感是一个"可测量的指标系统"（赵卫华，2018：6）。在既有研究
中，学者们对获得感的内在结构进行分类，并通过开发量表的方法对获得
感进行测量和检验，最终形成囊括不同类型的获得感及其测量维度，如表
2.2 所示。

表 2.2 前人研究的获得感及其测量维度

研究对象	测量维度	研究者（年份）
居民获得感	一维：对民生成效的评价，或对得到希望拥有的重要东西的获得评价	王俊秀（2018）；叶胥等（2018）；冯帅帅、罗教讲（2018）；袁浩、陶田田（2019）
公众获得感	幸福感，阶层定位，流动感知	陈云松等（2020）
高校学生获得感	认同程度，满足状况，参与机会，成就水平	周海涛等（2016）
青年获得感	项目重要性，当前获得感知，未来获得预期	谭旭运等（2018）
员工获得感	物质获得感，精神获得感	Gu 等（2020）
人民获得感	纵向获得感，横向获得感，获得感	王浦劬、季程远（2018；2019）
公共服务获得感	充足性，均等性，便利性，普惠性	阳义南（2018）
公共服务获得感	服务数量感，服务质量感，便利可及感，服务公平感，服务持续感，服务支持感	原光、曹现强（2018）
民众获得感	经济获得感，公共服务获得感，政治获得感，发展机会获得感	张仲芳、刘星（2020）

续表

研究对象	测量维度	研究者（年份）
人民获得感	民生获得感（生存保障和发展保障），经济获得感（宏观经济、个人经济、分配公平），政治获得感（正风反腐、政治参与）	文宏、刘志鹏（2018）
获得感	获得内容，获得环境，获得途径，获得体验和获得共享	董洪杰等（2019）谭旭运等（2020）
民生获得感	基础教育，劳动就业，医疗卫生，住房保障，社会保障	廖福崇（2020）
城市居民获得感	经济获得感，政治获得感，文化获得感，民生获得感和生态获得感	徐延辉、刘彦（2021）
少数民族获得感	经济，政治，文化，民生	冀慧珍（2021）
公民获得感	社会改善，民生发展，自我实现	郑建君（2020）
数字获得感	社会资源获得感，社会公平促进感，政治获得感	陈丹引（2021）
农民健身获得感	体育公共资源充足性，参与公平性，获取便利性，享用普惠性	成会君等（2021）
医疗服务获得感	基本医疗保障制度不断完善优化，所能享受医疗待遇逐渐提升，获取医疗资源、服务比以前更为方便等	李玉水等（2021）

通过对既有研究的梳理，笔者发现学者们分别从学科视角、群体视角、结构视角、研究方法视角对获得感展开了研究，主要做出了以下几个方面的贡献。

第一，立足于不同学科视角，学者们关注到了不同层面的获得感，如公共服务获得感、数字获得感、健身获得感、医疗服务获得感，大多是围绕政策文本对获得感的探索性研究。它们的共同点在于，各种不同层面的获得感都与民生问题息息相关，细化了对获得感本身及其内在结构的探讨。

第二，以往研究探索了不同群体的获得感，其中针对公众、居民群体的获得感的研究较为普遍，诸如王俊秀（2018）、陈云松等（2020）研究者的相关研究。但是我们还发现一些学者也开始关注某一特定群体的获得感，如周海涛等（2016）探究了高校学生的获得感，谭旭运等（2018）的研究关注青年的获得感，Gu 等（2020）则从组织行为学的视角探究员工的物质获得感和精神获得感，还有研究关注农民、少数民族的获得感（冀慧珍，2021；成会君等，2021），总之，上述研究均聚焦于某一特定群体的获得感。

第三，获得感是一个内在结构丰富的概念（曹现强、李烁，2017），因此，研究者们对获得感的测量结构呈现多样化，包括一题项测量、二维度测量和多维度测量，他们通过实证研究验证了这些内容维度的有效性。但是他们所借鉴的理论却存在差异，诸如，王浦劬和季程远（2018）遵循社会比较、时间比较和剥夺感的理论基础，将获得感划分为纵向获得感和横向获得感两个内容维度，纵向获得感就是个体在时间维度上的获得感知，其参照点为过去五年的个体经济水平，而横向获得感的参照群体为亲戚、朋友等生活在个体周围的人，研究发现纵向获得感和横向获得感都可以有效测量公众的获得感。文宏和刘志鹏（2018）、张仲芳和刘星（2020）等学者的研究则立足于中国特色社会主义总体布局的社会现状，将获得感划分为经济、政治、文化、生态、社会等多个维度。此外，还有学者借鉴了心理学研究中的需求理论对获得感的内涵展开研究，如谭旭运等（2020）通过多项研究构建了一个较为全面的获得感指标体系，其中，获得内容、获得环境、获得途径、获得体验和获得共享等五层概念能够对获得感进行有效测量，同时，中国社会科学院社会学研究所团队于 2018 年发布了《民众获得感调查（2018）调查报告》，报告显示民众对获得感的理解体现了他们对生活状况、幸福感、成就感等方面的关注。[①] 既有研究也特别聚焦公共服

---

① 《民众获得感调查（2018）调查报告》是中国社会科学院社会学研究所社会心理学研究中心王俊秀研究员及其团队历时一年时间的研究成果。参见：https://baijiahao.baidu.com/s?id＝15946964261317568 41 ＆wfr＝spider＆for＝pc.

务获得感，公共服务获得感是民生建设的一个重要环节，学者们依靠供需结构将获得感划分为公共服务的质量感、充足性、便利性、可及性、公平感等构成要素。总的来说，由上述研究可知，获得感的多维结构体现了内涵丰富全面的特征，前人研究归纳总结的获得感内容涉及从住房、文化和教育到医疗卫生等人民群众生活的方方面面。

第四，学者们测量获得感内在结构的研究方法主要包括访谈法（熊文靓、王素芳，2020）；词汇联想法（董洪杰等，2019）；从现有的社会调查问卷中发展量表（谭旭运等，2020；阳义南，2018）；从相关政策内容中发展量表（邵雅利，2019）。

上述提及的前人研究为本研究发展文化获得感量表提供了宝贵的理论资源、方法资源和量表结构资源。

2.3.3　获得感的前因后果

获得感与其他社会心理学变量一样，在很大程度上受到其他变量的影响，同时它也作用于其他变量。既有研究也关注到获得感与其他变量之间的关系，并发现主客观社会阶层是决定获得感高低的影响因素，王俊秀（2018）在关于主观社会阶层与社会心态的研究中发现，除了主观社会阶层为上层的被试者之外，主观社会阶层在总体上与获得感呈现正相关的趋势，即个体认为自身社会阶层越高，获得感也较高。社会经济地位也是社会科学研究经常关注的变量之一，它代表着个体的客观阶层状况，一般通过受教育程度、收入来体现，Wang 等（2020）研究了社会经济地位与获得感的关系，他们利用 2016 年中国家庭追踪调查数据检验了社会经济地位、获得感、社区认同之间的关系，研究结果发现，社会经济地位、社区认同均与获得感呈正相关，而且社会经济地位的提升会通过促进社区认同的间接路径提升公众的获得感。陈云松等（2020）使用 2005—2015 年的中国综合社会调查数据和中国统计年鉴相关数据组成的动态面板模型，探究了公众获得感的影响机制，发现每个省（区、市）的人均家庭收入、人均健康水平对获得感有着显著影响。

除了上述个体层面的影响因素，社会科学研究还关注社会质量、亲社会行为等社会层面的变量对获得感的预测作用。聂伟和蔡培鹏（2021）使用 2017 年中国社会状况综合调查数据发现，社会经济保障、社会凝聚、社会包容、社会赋权等四类社会质量指标都可以较好地预测青年获得感。徐延辉和李志滨（2021）的研究重点关注了四类社会质量是城市居民民生获得感的影响因素，居民获得感在很大程度上来源于社会质量的提升。在社会心理学研究者看来，获得感在精神层面的满足会体现在亲社会行为上，如 Feng 和 Zhong（2021）的研究发现亲社会行为可以提升个体的获得感，换言之，当个体能够帮助他人、体现利他主义的社会价值时，个体的获得感则越高。不仅如此，吕小康和孙思扬（2021）的研究综合探索了个体因素和社会因素对获得感的影响，他们的研究结果指出，个体发展与社会公平感知是获得感的双重影响因素，会共同作用于个体对获得感的感知，前者包括个人对教育、健康、社交、经济状况等的感知，后者包括个体对教育公平、医疗公平、就业公平等的感知；但从影响效应来看，个体发展对获得感的提升作用会大于社会公平对获得感的提升作用。

研究者们也从自身的学术研究领域出发，探究该领域下的变量与获得感之间的关系。Xie 等（2020）的研究探究了数字化经济模式对中国西部农民获得感的影响机制，研究发现农民的创业导向（entrepreneurial orientation）和农民的数字经济洞察力（digital business penetration）对经济获得感有积极的影响。Gu 等（2020）则从组织管理学的视角考察员工获得感，研究结果表明，奖惩公平、决策参与和成长机会三种支持性人力资源实践方式都可以正向预测员工获得感。在旅游管理领域，许春晓等（2019）通过对旅游地居民的研究发现，旅游环境获得感、旅游经济获得感和旅游社会文化获得感能提升当地居民的旅游发展支持意愿和旅游满意度。在民生层面，住是除了衣、食、行以外的基础性民生问题，而住房问题、房价问题一直是现代中国人民群众最关注的话题，徐延辉和刘彦（2021）通过对中国综合社会调查2013年的数据分析了居住空间与城市居民获得感的关系，研究结果显示居住空间是预测获得感的重要因素之一。

关于公共服务获得感的研究有一个共同的研究议题，就是探讨外部的供给水平对个体公共服务获得感的影响。诸如，梅正午等（2019）对中国综合社会调查2015年数据的研究发现，医疗、教育、卫生等方面的公共服务供给水平对居民获得感会产生正向的影响。熊文靓和王素芳（2020）的研究指出，当人们对公共文化服务的基础设施（如图书馆、体育馆、科技馆等）、资源内容、外部支持、人才队伍的期望—确认度越高，公众的获得感则越强。体育管理研究也关注公共服务获得感的影响因素，成会君等（2021）的研究指出，公共体育资源中的场地设施、体育活动、健身支持以及个体对体育公共服务的均等化感知都会影响健身获得感。

此外，还有部分研究探索文化消费行为对获得感的影响，主要集中在互联网文化消费行为与文化艺术活动参与行为两个方面。袁浩和陶田田（2019）关注互联网使用行为与获得感的关系，他们通过对问卷数据的分析指出，玩游戏、看视频、听歌、浏览网页等线上文化休闲活动能够显著正向预测获得感。林立菁等（2018）探究了人们参观美术馆、博物馆、画廊等艺术活动与获得感、生活品质的关系，指出参与艺术活动的次数越多，则会拥有更强的获得感，对生活满意度更高。

国内学术研究探索了获得感、幸福感、安全感、美好生活需要的满足的关系，获得感在不同程度上与安全感、幸福感、美好生活需要的满足、美好生活体验呈正相关（王俊秀、刘晓柳，2019；王俊秀等，2019）。其中，既有研究较多地关注获得感是否能正向预测幸福感，Feng和Zhong（2021）的研究指出，获得感可以正向预测意义幸福感（meaning happiness）、快乐幸福感（pleasure happiness）和参与幸福感（engagement happiness），而且亲社会行为可以提升个体的获得感。谭旭运等（2020）使用获得感内涵的五个维度来探讨获得感与生活满意度的关系，研究结果表明，获得感内涵的五个维度对个体的生活满意度都有显著的预测作用。此外，还有研究关注获得感对社会稳定感知的影响，如王浦劬和季程远（2019）在研究中发现公民的纵向获得感可以促进个体的社会稳定感知，相反，横向获得感却不能提升个体的社会稳定感知。美好生活需要也是一个从政策话语中提炼出的变量，它包括人们对未来美好生活的期待、信心和更高的需求指向，谭旭运等（2020）用数据预测了美好生活需要与获得感的关系，他们在研究结论中指出获得感的维度能够指向不同层面的美好生活需要，获得环境、获得共享与美好生活需要的国家维度息息相关，获得内容与获得维度能够显著预测美好生活需要的家庭关系维度，获得内容与获得体验则与个人层面的美好生活需要的关联性较强。

通过对既有研究的分析和整理，我们发现前人更多地考察了获得感的影响因素，即哪些个体因素和社会因素会提升和降低获得感，然而，在考察获得感的结果变量时，学者们会集中探究获得感对幸福感这一核心变量的预测作用。

2.4 幸福感

2.4.1 幸福感的概念界定

幸福感是本研究所关注的结果变量，是公众感知美好生活的落脚点。Keyes和Haidt（2003）认为生活不仅仅是为了生存，而是为了生活的美好，换言之，我们每个人的生活不仅为了生存，也是为了幸福。幸福是积极心理学的核心议题，积极心理学之父塞利格曼（2020）指出理解和帮助人们获得幸福和主观幸福感是积极心理学的核心目标。因此，本研究遵循积极心理学的视角，关注个体的幸福感以及媒介对个体心理健康的积极导向。

幸福感代表了个体依据其主观标准对自己生活质量的整体感受和判断，具有主观性、稳定性和整体性等特性（Diener et al.，1999），幸福感被称为主观幸福感（subjective well-being，SWB）。它不仅是一种追求短期愉悦的享乐主义，而且是一个兼具短期和长期愉悦感的综合概念。在既有研究中，幸福感与快乐（happiness）、生活质量等术语具有同义性，可以被有效地测量。

2.4.2　幸福感与文化消费

除了获得感之外，幸福感也是政府文件与相关文化产业政策所提及的重要概念。幸福感是本研究所关注的结果变量。文化消费一直是个体追求幸福感和追求美好生活的路径之一，它具有强大的社会渗透性，它不仅能够促进人力资本的提升和人的全面发展，而且是衡量居民生活品质的重要指标（胡秀丽，2008），是实现国民幸福的最佳途径（贾小玫、文启湘，2007）。一直以来，个体参与的文化消费活动是否能够给他们带来幸福感，这一研究问题被休闲学、经济学以及新闻传播学等领域的学者关注和探讨，不仅如此，许多研究指出公众从文化消费中获得的幸福感、快乐感和满足感要比物质消费要持久（Van Boven & Gilovich，2003；DeLeire & Kalil，2010）。然而，随着数字内容产业的发展，有些学者开始关注数字文化消费活动如网络直播（马志浩等，2020）、网络游戏（Shen & Williams，2011）、在线休闲活动（Gallistl & Nimrod，2020；Vacchiano & Bolano，2021）与幸福感的关系。

Veghes（2020）认为文化消费与生活质量之间具有密切的联系，人们对文化产品、服务和文化参与活动的消费可以显著改善个人的福祉和生活质量，他将文化消费定义为"可持续生活方式"的特征。范周（2019）认为互联网重塑了文化消费的内容和消费习惯，数字形式的文化消费已然成为一种人们习焉不察的生活方式，也成为人们数字化生活中的主要休闲和娱乐方式，如网络音视频、网络游戏和网络文学使得文化消费"可持续生活方式"的特征更为凸显。此外，有研究指出不同群组之间的幸福感存在明显差异，Gallistl 和 Nimrod（2020）的一项研究发现，不同程度的媒介休闲参与群组所获得的幸福感存在差异，兼收并蓄的媒介使用者与较低的生活满意度有明显的联系。

2.5　研究述评

国内外学者们的研究成果为本研究提供了重要的理论基础和研究启示。然而，通过对既有研究的梳理和分析，本研究认为既有研究在调查数据、研究对象、研究视角等方面存在一定的局限性。

在文化消费的调查数据层面，国外研究不断探索新的文化体验方式，如在线的休闲方式、屏幕使用等，相较而言，国内学者则倾向于沿用二手的全国样本数据分析传统的文化消费模式，缺乏对现有的、流行的、新颖的文化消费模式展开的自行探索。在大规模的调查研究中，在线的、数字的文化消费往往被操作化为"上网"，尽管这是有效的测量方式，但既有数据调查仅提供了广泛的互联网使用的数据，缺乏对线上文化消费模式的关注。譬如，在中国综合社会调查数据中，文化消费的测量题项包括看电视或看碟、看演出和展览、在家听音乐、出去看电影、听演唱会，还包括一些文化消费相关的休闲活动，如健身、聚会等，均属于传统的线下文化消费模式，但对线上或者数字文化消费形式的测量仅使用"上网"这一题项，比较宽泛和笼统，而且"上网"已经无法精确地描述消费者选择的具体的数字文化消费行为，因为上网亦可以细分为不同的在线内容消费行为。Cai

（2004）认为计算机（或电脑）是一种综合性的、多维的媒介，使用电脑上网是一种整体的体验，包括观看流媒体视频、收听在线广播、进行网络阅读等线上休闲活动，因而不能忽略它的多维性，使用手机等移动设备的情况亦是如此。如今，公众能够拥有种类繁多的线上文化消费产品和服务，如网络文学、网络动漫、短视频、直播、网络综艺，不一而足。毋庸讳言，"上网"这一题项难以概括如今丰富多彩的数字文化消费形式。再者，虽然国内学者们关注到观看直播、玩网络游戏等具体的、特定的线上数字文化消费与幸福感的关系，但是未能描绘消费者数字文化消费的整体面貌，亦未曾探究数字文化消费与线下文化消费的关联。虽然国内有研究对比了线上文化消费者与线下文化消费者的区别（傅才武、侯雪言，2017），但是本研究认为线上文化消费与线下文化消费是交织在一起的，共同丰富了公众的精神文化生活，同时，每个人都是线上文化消费者和线下文化消费者，应该用整合的视角看待。因此，整合一个适用于文化与科技融合背景下的文化消费清单，并了解公众在在线和实体空间中的文化消费类型及其之间的关系，是当下学术研究的首要任务。

在研究对象层面，现有研究延续传统的研究路径，关注文化消费与幸福感的关系及其影响机制。虽然文化消费与幸福感的关系已经是一个被学者们广泛讨论的研究问题，但学者们依然从不同的理论视角不断探索二者关系的解释机制，如社会资本、联结感、阶层认同等理论。然而，本土化语境下的新解释变量是以往研究所忽略的。作为国内社会科学研究的新概念，文化获得感具有鲜明的本土属性和研究价值，尤其是文化获得感与文化消费息息相关，是文化消费者从文化消费中获得的实在、主观感受，具有反映文化消费和文化精神生活质量的独特价值。因此，从文化获得感的视角来分析公众文化消费和幸福感的关系具有一定的研究价值。本研究通过梳理获得感的影响因素发现，国内学者开始关注文化消费与获得感相关的研究问题，文化消费与获得感之间的正向关系问题可以从既有研究中获得答案，然而，既有研究将获得感视为理论模型的结果变量，未探求文化消费与获得感共同作用于哪些个体的心理收益变量，即本研究想继续研究的幸福感提升问题。也就是说，本研究拟从文化获得感切入，探究文化消费与幸福感的影响机制。

在研究视角层面，从获得感的正式提出至今，已有近 7 年的时间，回顾近 7 年的学术研究历程，国内研究者给予了获得感这一议题足够的关注，具体而言，许多学者对获得感的内在结构进行了探索，依据心理测量学的基本逻辑编制了涉及不同测量维度的获得感量表，并检验了量表的可行性，此类本土化研究为本研究提供了重要参考。作为获得感的延展概念，文化获得感得到了极少数学者的关注，既有研究通过思辨的方法对文化获得感的内涵、生成逻辑和实现路径进行了初步考察。此外，部分有关获得感的研究将文化获得感囊括在获得感的内在结构之中，尽管如此，学者们未从实证研究的角度对文化获得感的内在结构展开探索，未能进一步检验文化消费对文化获得感的影响。因此，从已有理论基础的获得感入手，关注获得感的延伸概念——文化获得感，以及进一步界定文化获得感的概念性和操作性定义，借助科学的测量流程开发文化获得感测量工具，是一个关键又必要的步骤。

在研究方法层面，学界对于文化消费与文化获得感之间的关系达成了一致的观点，即文化消费可以增强人民群众的文化获得感，这对本研究具有重要的启示，但是忽略了从实证研究的角度证实文化消费与文化获得感的关系路径，尤其是对线下与线上文化消费、文化获得感和幸福感的综合研究。厘清这一问题，将有助于我们更好地理解新型文化业态和文化消费模式，以及高质量的文化供给能够增强人们的文化获得感、幸福感的内在逻辑。因此，在编制文化获得感量表的基础上，亟需进一步深化文化消费与文化获得感的研究。

综上，既有文献为文化消费研究提供了理论框架和研究思路，给予本研究重要的启示意义。本研究将使用新变量、新论证、新数据、新方法，回答前人研究所忽视的研究问题，进一步揭示文化消费新业态与文化获得感这一本土化核心概念，以及其与幸福感之间的关系。

第 3 章

基于获得感的模型建构

CHAPTER 3

文化数字化战略下
公众文化获得感研究

有关文化消费的研究由来已久，学者们将文化消费界定为参与文化艺术活动、媒介消费等精神文化、休闲层面的消费活动。在有关文化消费的相关研究中，学者们侧重于探讨文化消费与民生福祉的关系，他们认为文化消费是"大众满足自我美好生活需要的过程"以及"衡量高品质生活的重要指标"。因此，本章的初衷是考察文化消费与获得感、幸福感的关系问题，将其放置于本土化视角和现实问题中进行探索性研究，建构理论模型。

如上所述，文化消费表现为消费者对精神文化产品及服务的消费活动。如今，文化消费构成了人们基本的日常生活方式，占据了个体越来越多的闲暇时间，诸如上网休闲、参观展览、参与演艺活动、看电影、读书、听音乐等。2021 年 5 月，文化和旅游部正式发布了《"十四五"文化产业发展规划》（简称《规划》），《规划》中指出，"人民美好生活需要日益广泛，对精神文化产品供给提出更高要求，文化产业将成为增强人民群众获得感、幸福感的重要途径"[1]，它明确了"十四五"时期文化产业满足人民群众精神文化需求、促进精神生活共同富裕的前进方向。同时，党的二十大报告进一步强调了"人民精神文化生活更加丰富"这一目标任务。[2] 值得关注的是，《规划》提及的文化产业的产品供给是否能增强人民群众的获得感、幸福感

① 文化和旅游部关于印发《"十四五"文化产业发展规划》的通知，参见：https://www.mct.gov.cn/preview/whhlyqyzcxxfw/wlrh/202106/t20210611_925191.html.
② 习近平：高举中国特色社会主义伟大旗帜 为全面建设社会主义现代化国家而团结奋斗——在中国共产党第二十次全国代表大会上的报告. 参见：http://www.qstheory.cn/yaowen/2022-10/25/c_1129079926.htm.

呢？本章将这一现实问题转化为社会科学知识体系下的学术问题：一者，本章将获得感、幸福感作为美好生活的重要指标；再者，本章将利用国家层面的截面数据建立一个中介模型，试图从需求端的视角探究文化消费与获得感、幸福感的关系及内在机制，为后文中涉及的文化消费、文化获得感与幸福感的关系检验提供理论模型。

3.1 研究假设与模型建构

3.1.1 文化消费与幸福感的关系

回顾既有研究，文化消费与幸福感的关系议题得到了学者们的关注，达成的一致性结论为文化消费能正向预测个体的幸福感，其本质原因与文化产业、文化产品及服务本身的体验属性息息相关，从产业属性上来看，"文化娱乐产业是体验经济的典型"（王建磊，2021：24），从产品及服务属性上看，有学者认为文化产品和服务既是信息产品也是体验性产品（Hutter，2008），李世晖（2018）在对文化经济与内容产业的研究中指出，文化经济的消费行为已成为满足人类需求，并产生满足、快乐、挫折或失望等情绪体验的过程。由此可知，文化消费在本质上是一种体验式的消费。心理学家丽芙·范波文（Leaf Van Boven）与托马斯·吉洛维奇（Thomas Gilovich）（Van Boven & Gilovich，2003）认为，体验型消费指的是获得生活体验或经历的购买行为，如看电影、去博物馆看展、看演唱会等，它们都属于文化消费的主要范畴。许多社会学家和心理学家都在验证"金钱能够买来幸福吗"或是"怎么花钱才能更幸福"这样的假设，他们从实证研究的视角来比较物质型消费与体验型消费对幸福感的影响效应差异。研究结果显示，不同类型的消费得到的心理收益存在差异，体验型消费带来的幸福感水平要远高于从物质性消费中获得的幸福感水平（Gilovic et al.，2015；Yu et al.，2015；余樱等，2019），所以也得出了用钱买物质不如用钱买经历或买体验的结论。同理，个体能够从文化消费体验中获得更高水平的幸福感和更多的快乐。

有鉴于此，本章延续既有研究的结论，即文化消费会提升个体的主观幸福感。然而，如何测量文化消费呢？经济管理学领域的学者关注文化消费支出、城镇居民文化消费水平与文化消费时长（高莉莉，2019；王亚楠，2020；顾江、王文姬，2021），而在社会科学研究中，文化消费的频率与杂食是较为常见的衡量标准，本章将沿用后者的测量方式，将频率和杂食设置为文化消费的测量指标。频率反映的是个体"对文化产品的接触和使用程度"（罗茜，2018：55），杂食则强调多样性，指的是使用文化产品或者参与文化活动的数量之和（Warde & Gayo-Cal，2009）。国内外研究已经考察了文化消费的频率、多样性与幸福感的关系，验证了文化消费的频率、杂食对个体幸福感的增强效应（李光明、徐冬柠，2018；Lee & Heo，2021），所以本章提出如下假设（H）：

H1a：文化消费频率与个体的主观幸福感呈正相关关系。

H1b：文化消费杂食与个体的主观幸福感呈正相关关系。

3.1.2 作为解释机制的获得感

1. 获得感的理论渊源：相对剥夺感理论（relative deprivation）

尽管获得感来源于政策文本，但它是一个可以测量的社会学变量。国内政治学、心理学领域的研究者格外重视对获得感概念的内涵与测量方式的探索，他们对获得感的理论渊源的讨论众说纷纭，莫衷一是。在相关理论之中，相对剥夺感是广受学者们认可的理论之一（王浦劬、季程远，2018；徐延辉、李志滨，2021）。

相对剥夺感指的是个体在与某一参照群体进行比较时发现自己处于不利地位的主观感知，多为愤怒、不满等负面情绪（Walker & Smith，2002；

熊猛、叶一舵，2016）。既有研究将相对剥夺感视为获得感的"对立面"，后者强调"个体基于社会比较而产生的对自身需求满足程度的一种主观判断"（徐延辉、李志滨，2021：170），是一种积极的情绪感受，相对而言，前者则是以参照对象为目标而发现自己未获得收益的失落感（王浦劬、季程远，2018）。从中可以看出，社会比较理论是解释相对剥夺感的重要依据，Festinger（1954）提出了社会比较理论，他认为人们可以对自己的意见和能力进行自我评价，一种方式是可以通过直接的、物理的客观标准来衡量，从而获得自我评价，另一种是如果上述客观标准不适用时，个人会将自己与其他人进行比较。Runciman（1966）依据社会比较中参照对象所处的层次，即个体层次和群体层次，将相对剥夺感划分为个人相对剥夺感（过去/将来）和群体相对剥夺感（群体内/群体外/群体之间）。前一种的参照对象是个体的过去或将来状态，用当前状态与之进行比较，或以群体中的其他人为参照对象进行横向比较；后者则是所在群体当前状态与过去、将来进行比较，或是个体所在的群体与其他群体进行比较。

鉴于此，本章基于相对剥夺感理论，将获得感划分为三个维度，分别是：1）纵向获得感，指的是时间坐标上的前后比较，参照对象为过去的自己；2）横向获得感，指的是与群体中的其他人比较，参照对象是群体内的人；3）位置获得感，指的是自己所在群体的当前状态在大群体中所处的位置，如图3.1所示。

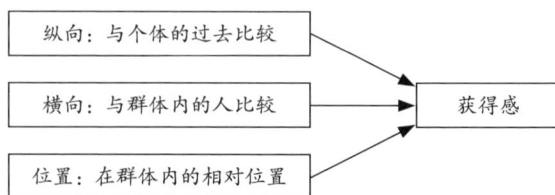

图3.1 获得感的主要维度

2. 获得感的中介作用

国内学者关注到了文化消费与获得感之间的关系问题。既有研究探究了玩游戏、看视频、听歌、浏览网页等线上文化休闲活动和获得感之间的关系，研究结果表明，文化休闲活动的频率越高，个体的获得感水平越高（袁浩、陶田田，2019）；相关研究也探究了文化参与和获得感之间的关系，研究结果表明，参观美术馆、博物馆、画廊等艺术活动的次数越多，个体的获得感越强（林立菁等，2018）。我们提出如下假设：

H2a：文化消费频率与获得感呈现正相关关系。

H2b：文化消费杂食与获得感呈现正相关关系。

学界对获得感和主观幸福感的讨论达成了共识：个体的获得感水平越高，则主观幸福感越高（石晶，2017；郑建君，2020）。由此可见，获得感可以正向预测幸福感。

在前人关于获得感的研究中，往往将获得感作为前置因素或结果变量纳入理论模型中，但是极少有研究探究获得感的中介作用，或者极少使用获得感解释两个核心变量之间的间接关系。综合上文对文化消费和获得感、幸福感相关的讨论，本章猜测，获得感在文化消费与主观幸福感之间的关系中发挥着中介作用，如图 3.2 所示。基于此，我们提出如下假设：

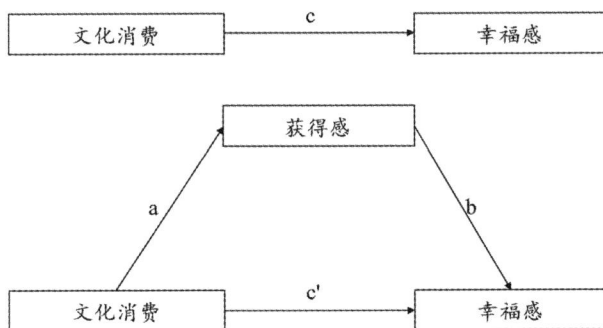

图3.2　理论模型

H3a：获得感在文化消费频率与主观幸福感之间的关系中发挥了中介作用。

H3b：获得感在文化消费杂食与主观幸福感之间的关系中发挥了中介作用。

3.1.3　幸福感与获得感

在上文对获得感的前因后果的分析中，我们提及了既有研究对幸福感与获得感之间关系的关注，即获得感可以正向预测幸福感，公众的获得感越高则对生活幸福的感知程度越强。虽然幸福感和获得感同是关注公众生活感受和民生福祉的变量，但是二者的提出语境和侧重点存在差异（郑建君，2020）。幸福感是一个西方概念，而获得感是一个中国概念，指公民对当下美好生活的感知；幸福感侧重于个体对生活状况的主观感受和评价，获得感是社会发展过程中人民群众对改革成果的评价，具有鲜明的层次性、全面性，它既包括个体对客观情况的评价又包括主观层面的感受，既包括时间维度的纵向获得又包括与他人比较后的横向获得，还有物质层面和精神层面的获得，甚至包括经济、政治、文化、社会和生态文明层面的获得。

纵观既有研究对幸福感和获得感的讨论，目前存在以下两种观点。第一种观点认为，获得感涵盖的范围较广，它将幸福感囊括在内，幸福感成为测量获得感的一个测量指标，陈云松等（2020）在对获得感的测量时使用了幸福感、阶层定位、流动感知等三个测量指标；徐延辉和刘彦（2021）同样将幸福感视为获得感在主观层面上的测量指标。第二种观点认为，获得感与幸福感分别表示不同的含义，两者是互相独立又相互联系的并列变量。在党的十九大报告中，习近平总书记强调了满足人民美好生活需要的"三感"——获得感、幸福感和安全感（习近平，2017），它们皆是人民的美好生活诉求，人民获得感的提升为幸福感和安全感提供了一种可能（江畅，2021）。获得感与幸福感之间存在一种递进关系，即获得感能够正向预测个体的幸福感，获得感对个体幸福感的提升作用是显著的。有研究表明，获得感是幸福感的基础（石晶，2017；叶胥等，2018）。郑建君（2020）在研究中指出，公民美好生活感知包括获得感、幸福感、安全感，获得感是衡量人们生活福祉的重要基础，其中，社会发展层面的获得感、民生改善层面的获得感以及自我实现层面的获得感均能显著预测幸福感。

3.2　研究设计

3.2.1　数据来源

本章的数据来自中国人民大学发布的中国社会综合调查 2015 年（以下简称 CGSS 2015）的调查数据。中国综合社会调查是目前我国较为综合性、系统性、纵向的大型社会调查项目之一，是一个公开的数据集，它采用多阶分层抽样的方式，对每位被试者展开面访，样本具有代表性。CGSS 2015 的调查数据涉及 28 个省（区/市），有效问卷共计 10968 份，这一数据包含本章观测的几个核心变量，适用于检验本章的研究问题。

3.2.2　变量选择和测量

1. 因变量：主观幸福感。在 CGSS 2015 的调查问卷中，研究者使用一题项的自陈式幸福感评价来测量公众的主观幸福感，即"总的来说，您觉得您的生活是否幸福"，主要为公众对自己生活不幸福或幸福程度的整体评价，并使用李克特 5 点量表进行回答（1＝非常不幸福，2＝比较不幸福，3＝说不上幸福不幸福，4＝比较幸福，5＝非常幸福）。在许多社会科学研究中，尽管学者们对幸福感的测量方式、测量维度、计分方式不尽相同，但是既有研究证实，一题项的幸福感评价仍然是测量主观幸福感的有效方式（$M＝3.87$，$SD＝0.82$）。

2. 核心自变量：文化消费频率和杂食。

（1）文化消费频率。我们借鉴既有研究对文化消费题项的选择，使用 CGSS 2015 问卷中"过去一年，您是否经常在空闲时间从事以下活动？"一题，筛选六类常见的文化消费模式：①看电视或者看碟；②出去看电影；③读书／报纸／杂志；④参加文化活动（比如听音乐会，看演出和展览）；⑤在家听音乐；⑥上网。原问卷的计分方式为：1＝每天，2＝一周数次，

3＝一月数次，4＝一年数次，5＝从不。研究中对所有题项进行反向计分（M＝2.41，SD＝0.76）。

（2）文化消费杂食。在文化消费频率测量的基础上，我们将数值进行替换：将"从不"替换为0，同时将每天、一周数次、一月数次、一年数次替换为"1"。也就是把文化消费划分为一个二分类变量：0＝不参与；1＝参与。最后6个题项累加得分，获得文化消费杂食变量（M＝3.20，SD＝1.84）。

3. 中介变量：获得感。我们参考既有研究对获得感的考察方式（Gilovich et al.，2015；吕小康、孙思扬，2021），选定CGSS 2015数据集中的"与同龄人相比，您认为您本人的社会经济地位是……"来测量横向获得感，被试者回答1代表着"较高"，回答2代表着"差不多"，回答3代表着"较低"；选定"与三年前相比，您认为您的社会经济地位是……"来测量纵向获得感（1＝上升了、2＝差不多、3＝下降了）；采用"您家的家庭经济状况在所在地属于哪一档？"一题来测量家庭经济状况，被试者会对自己的家庭经济情况进行评分，1代表"远低于平均水平"，2代表"低于平均水平"，3代表"平均水平"，4代表"高于平均水平"，5代表"远高于平均水平"。我们进一步对变量进行了预处理，对横向获得感和纵向获得感进行反向计分（对计分方式进行调整后，分数越高，说明被试者对自己的横向获得感和纵向获得感的评分越高），并替换为5点计分形式（既有计分乘以5/3）。为了得到一个综合的获得感测量指标，本章最终计算了三个题目的平均值（M＝3.08，SD＝0.65）。

4. 控制变量。在模型估计时，本章还纳入了几个影响获得感和幸福感的重要变量进行控制，根据区隔等相关研究理论和前人的结论（周春平，2015），本章选取性别、受教育程度、户口类型为控制变量。

3.3　研究结论

3.3.1　描述性统计与相关分析

通过对控制变量的描述性统计分析发现，调查对象中男性占比 46.8%（$n=5134$），女性占比 53.2%（$n=5834$）；农业户口为 6194 人，占有效作答数的 56.0%，非农业户口为 4753 人，占有效作答数的 43.0%；人均教育年限为 9 年，约等于义务教育阶段的总年限。文化消费的参与情况如表 3.1 所示，看电视或者看碟是最受欢迎的文化消费形式，占比为 96.3%，均值为 4.37；其次为在家听音乐和读书、看报纸或者杂志。我们还发现，上网的人数占比 45.2%，上网频率为中等程度（$M=2.51$），以出去看电影和参加文化活动为休闲方式的人较少。

表 3.1　各类文化消费的频率和比例

文化消费类型	n	M	SD	参与比例
看电视或者看碟	10961	4.37	1.03	96.3%
出去看电影	10946	1.46	0.76	32.4%
读书、看报纸或者看杂志	10952	2.22	1.39	54.4%
参加文化活动(比如听音乐会，看演出和展览)	10876	1.49	0.82	33.4%
在家听音乐	10944	2.39	1.47	56.4%
上网	10931	2.51	1.79	45.2%

注：n 代表该题项的有效作答数。

3.3.2　获得感的中介效应检验

根据 Hayes（2013）提出的检验方法，使用 SPSS PROCESS 的 Model 4，在控制性别、户籍和受教育程度的情况下，采用 Bootstrap 进行 5000 次样本抽样，选择 95% 的置信区间，将所有连续变量中心化，分别检验获得感在文化消费频率与幸福感之间的中介效应、获得感在文化消费杂食与幸福感之间的中介效应，研究结果见表3.2。

表3.2 获得感的中介效应检验（n=10627）

变量		模型 1 幸福感 β（SE）	模型 2 获得感 β（SE）	模型 3 幸福感 β（SE）	模型 4 幸福感 β（SE）	模型 5 获得感 β（SE）	模型 6 幸福感 β（SE）
控制变量	性别	-0.037^{*} （0.016）	0.004 （0.013）	-0.039^{*} （0.015）	-0.040^{*} （0.016）	0.005 （0.013）	-0.042^{**} （0.015）
	户籍	0.022 （0.018）	-0.033^{*} （0.014）	0.035^{*} （0.017）	0.034 （0.018）	-0.028^{*} （0.014）	0.046^{**} （0.017）
	受教育程度	0.002 （0.002）	0.010^{***} （0.002）	-0.002 （0.002）	0.008^{***} （0.002）	0.012^{***} （0.002）	0.004 （0.002）
核心自变量	X_1：文化消费频率	0.151^{***} （0.014）	0.138^{***} （0.011）	0.094^{***} （0.013）			
	X_2：文化消费杂食				0.035^{***} （0.006）	0.052^{***} （0.004）	0.013^{*} （0.005）
中介变量	获得感			0.409^{***} （0.012）			0.416^{***} （0.012）
常数		3.499^{***}	2.669^{***}	2.407^{***}	3.687^{***}	2.822^{***}	2.513^{***}
R^2		0.023	0.043	0.124	0.016	0.041	0.120
F		63.172^{***}	120.173^{***}	300.057^{***}	42.632^{***}	113.942^{***}	289.829^{***}

注：* 表示在 $p<0.05$ 水平上存在显著性，** 表示在 $p<0.01$ 水平上存在显著性，*** 表示在 $p<0.001$ 水平上存在显著性。下同。

从模型2的结果来看，文化消费频率可以正向预测获得感（$\beta=0.138$，$p<0.001$）。模型3的结果表明，文化消费频率能够正向预测幸福感（$\beta=0.094$，$p<0.001$），获得感也能正向预测幸福感（$\beta=0.409$，$p<0.001$），获得感的部分中介效应被证明。通过效应量的分析，本研究发现，文化消费频率对幸福感的总效应量为0.151，95%置信区间为[0.124，0.178]，不包含0，所以显著；直接效应量为0.094，95%置信区间为[0.069，0.120]，占

总效应量的 62.3%，且显著；间接效应量为 0.057，95% 置信区间为 [0.047，0.067]，占总效应的 37.7%，且显著。因此，H1a、H2a 和 H3a 被证实。

模型 5 的结果显示，文化消费杂食能够正向预测获得感（$\beta = 0.052$，$p < 0.001$）；在模型 6 中，文化消费杂食、获得感均能正向预测幸福感（$\beta = 0.013$，$p < 0.05$；$\beta = 0.416$，$p < 0.001$），数据结果表明，获得感在文化消费杂食与幸福感之间的部分中介效应显著。中介检验的效应量结果显示，文化消费杂食对幸福感的总效应量为 0.035（95% 置信区间为 [0.024，0.046]）；直接效应量为 0.013（95% 置信区间为 [0.003，0.024]），占总效应量的 37.1%；间接效应量为 0.022（95% 置信区间为 [0.022，0.031]），占总效应量的 62.9%。因此，H1b、H2b 和 H3b 均被证实。

3.4　本章小结

本章从需求侧视角入手，利用全国大规模截面数据，剖析了文化消费是否以及在什么条件下影响公众的获得感与幸福感。基于相对剥夺感理论，本章划分了三维度的获得感，即纵向、横向、位置，这三个维度的获得感适用于本章中获得感的初步探索，在此基础上，利用 CGSS 2015 的全国数据，检验了一个有调节的中介模型。

研究结果表明，首先，无论是文化消费频率，还是文化消费杂食，都可以正向、显著地预测获得感、幸福感，这表明文化消费仍然是衡量个体生活质量与体现美好生活水平的重要因素。其次，研究证实了文化消费与幸福感之间的间接影响路径，即获得感的部分中介作用，表明个体的文化消费频率越高，获得感越高，主观幸福感也随之越高，以及文化消费数量越多，获得感越高，进而提升个体的主观幸福感。最后，基于文化消费的

"幸福补偿"观点，本章进一步探究了文化消费与幸福感关系发生的边界条件，也就是文化消费频率和杂食在何时会对幸福感产生影响，研究结果显示，主观阶层认同能够负向调节文化消费与幸福感的直接关系与间接效应。

本章从现实问题出发，回归到学术问题的探讨中，最终的研究结论与现实问题相呼应。研究结果显示，文化消费频率越高，个体的获得感和幸福感水平越高；文化消费的种类越多样化，个体的获得感和幸福感水平越高。该研究结果与国内外既有研究的结果相符，都证实了文化消费频率及杂食与获得感、幸福感的正相关关系。更重要的是，研究发现支持了《规划》中对现实问题的阐述，即文化产业的文化产品及服务供给成为增强人民群众获得感、幸福感的重要途径。因此，本章在一定程度上有效验证了政策文本中相关变量的预设关系。

本章拓展了文化消费与幸福感研究的内在机制，从本土化着手，寻求并验证了获得感这一中介变量的有效性。在理论层面，本章以相对剥夺感为理论基础，从纵向获得感、横向获得感、位置获得感建构了获得感的概念结构。有学者认为，剥夺感是个体通过纵向比较、横向比较、位置参照而产生的"损失"或"减少"心理，与之相对，获得感是个体通过纵向比较、横向比较、位置参照而产生的"收益"或"增加"体验（徐延辉、李志滨，2021）。本章建立了文化消费（频率与杂食）—获得感—幸福感之间的路径，研究结果显示，获得感会部分中介文化消费（频率与杂食）与幸福感之间的正向关系，验证了获得感在文化消费（频率与杂食）与幸福感关系之间扮演着增强型内在机制的角色。同时，这一结论与既有研究具有一致性，既有研究结果表明，参观美术馆、博物馆、画廊等文化艺术活动的次数越多，个体的获得感越强，生活满意度越高（林立菁等，2018）。

第 4 章

文化获得感量表的编制与开发

CHAPTER 4

文化数字化战略下
公众文化获得感研究

在心理学、管理学等研究领域，量表编制的基本流程较为科学、规范。基于此，本章基于心理学、管理学等研究领域的量表编制程序，对文化获得感的内在结构和测量方式展开研究。依据量表制定步骤，形成文化获得感的初步量表，为第 4 章探索和验证内在结构提供基础。

4.1 文化获得感：获得感的延展概念与组成部分

文化获得感是本研究一个核心概念。在与文化产业相关的文化政策中，"文化获得感"这个关键词亦被频繁提及。首先，"文化获得感"一词，源于 2018 年 8 月习近平总书记在全国宣传思想工作会议上的重要讲话，他强调："要推动文化产业高质量发展，健全现代文化产业体系和市场体系，推动各类文化市场主体发展壮大，培育新型文化业态和文化消费模式，以高质量文化供给增强人们的文化获得感、幸福感。"（习近平，2021：341）2021 年 4 月，文化和旅游部印发《"十四五"文化和旅游发展规划》提出"促进城乡融合发展，把城乡文化建设同新型城镇化战略有机衔接起来，以城带乡、以文化人，不断提高城乡居民的文化获得感。"①总之，习近平总书记在全国宣传思想工作会议上的重要讲话和相关文化政策不仅体现了获得感与文化产业、文化消费、公共文化服务的密切关系，而且呈现了"文化获得感"这一议题，体现了文化消费、文化获得感与幸福感之间的关系，由此，对文化获得感这一概念的测量具有必要性和可行性。本研究重点关注"文化获得感"的概念及其与相关变量的关系，尤其是不同文化消费模式与文化获得感、幸福感的关系。

获得感是"可延展的理论概念"（赵卫华，2018：6），因此，也衍生出数字获得感、公共服务获得感等概念，然而，在面向人民群众精神文化的需求层面，获得感亦能衍生出文化获得感这一概念。在2.3.2节，通过归纳和总结文化获得感的内在结构发现，文化获得感也得到了一些学者的关注（邵雅利，2019；徐延辉、刘彦，2021），我们发现，学者们将文化获得感视为衡量获得感的重要维度之一，虽然目前学界关于文化获得感议题的研究有限，但对本研究有所启迪，主要体现在如下五个方面。

第一，关于文化获得感的概念界定和内在结构问题，既有研究指出文化获得感是一种精神文化需求层面的满足感。潘建红和杨利利（2018）认为，物质方面和精神层面的满足是获得感的重要内容，前者体现在保障民生的基本层次需求满足，后者则囊括个体在文化层面的实际获得、社会主义先进文化建设过程中的制度保障，以及人民群众精神文化需求的不断满足。冀慧珍（2021：41）认为，文化获得感是除了经济获得感、政治获得感和民生获得感之外的重要测量指标，她将文化获得感界定为"人们的精神文化生活需要得到满足之后形成的主观感知"，因此，强调精神满足的精神获得与强调物质富足的物质获得同样重要，获得感在一定程度上也意味着人民群众精神需求的满足。

---

① 文化和旅游部关于印发《"十四五"文化和旅游发展规划》的通知，参见：https://www.gov.cn/zhengce/zhengceku/2021-06/03/content_5615106.htm.

第二，在宏观层面，即文化获得感在中国特色社会主义事业总体布局中的位置和作用，它属于中国特色社会主义事业总体布局——"五位一体"中的文化建设环节，邵雅利（2019）、徐延辉和李志滨（2021）基于中国特色社会主义事业的"五位一体"战略发展布局制定了获得感的测量指标，分别提出了"文化建设获得感""文化获得感"的概念，与冀慧珍（2021）的观点一致，他们同样认为文化获得感是获得感的主要内容之一。当然，这种归类方式也与彭文波等（2020）的观点一致，彭文波等（2020）在研究中指出文化指标是个体获得体验的客观条件之一，它指的是公众对个体所处文化氛围的感知，以及在文教等精神层面的获得及主观感受。同时，文化建设还包括现代公共文化体系建设的健全和完善，因此，人民群众从公共文化建设中得到的满足感和获得感仍然是文化获得感的重要组成部分，徐延辉和刘彦（2021：175）将文化获得感定义为"个体基于社会文化建设能否满足其需要而产生的主观认知"，具体体现在人们对博物馆、科技馆、图书馆、电影院、社区活动室、社区小广场等文化设施的需求满足程度，邵雅利（2019）的研究同样侧重于人民群众对公共文化服务体系的获得感，陈庚和崔宛（2018）指出居民的公共文化参与是衡量文化获得感和文化权益保障程度的内在标尺。

第三，既有研究关注到文化获得感的落脚点问题，即文化获得感的最终诉求和愿景，如孔德永和韩园园（2021：100）考究了农民文化获得感的生产逻辑，他们指出文化获得感是"获得感的重要内容，是衡量获得感大小的主要标准，文化获得感主要集中在人们情感归属上，其最终落脚点是文化自信"。

第四，以往研究关注文化获得感的多个层面，谭旭运等（2018）在研究青年获得感时提及了"丰富的文化生活"的重要程度、过去获得感知、未来获得预期三个层面，这三种测量方式体现为纵向时间维度上的获得感；邵雅利（2019）运用文化活动开展、对历史文化的保护、文化基础设施建设三个指标来测量文化获得感。陈波（2020）则特别关注文化空间获得感，他认为文化空间获得感是文化获得感的重要向度，也是人们满足新时代美好生活需求的重要表征。

第五，既有研究关注不同文化消费模式与获得感的关系、休闲与获得感的关系，赵卫华（2018）指出消费是获得感的来源，生存型消费（衣食住行）、发展型消费（文教体）、享受型消费（娱乐）等三种消费形态的满足状况决定了人们获得感的高低。袁浩和陶田田（2019）则关注互联网使用行为与获得感的关系，他们通过对问卷数据的分析指出，玩游戏、看视频、听歌、浏览网页等线上文化休闲活动能够显著正向预测获得感。林立菁等（2018）探究了人们参观美术馆、博物馆、画廊等艺术活动与获得感、生活品质的关系，研究结果指出参与艺术活动的次数越多，获得感更强，对生活满意度更高。

总体来看，尽管既有研究以获得感的宏观视角切入，关注文化获得感这一内在结构，并且实证分析路径较为规范，但是专门聚焦文化获得感这一议题的研究较少，学者们对文化获得感的概念界定不一，对文化获得感的内在结构划分尚且未达成共识，迄今为止，学界仍未提出专门针对文化获得感的测评工具。因此，本研究将特别关注这一议题，首先，以期弥补前人研究对这一研究问题的相对不足；其次，既有研究未开发文化获得感的测量工具，因而对于目前的学术研究而言，厘清文化获得感的内在结构，以及编制一个科学的、有效的、可靠的文化获得感测评工具具有必要性和紧迫性，这一量表的编制工作会促进公众获得感研究和文化产业效应研究进一步深入；最后，从政策端和供给端来看，文化获得感是文化产业获得社会效益的外在评价标准，更是文化产业相关政策中着重关注的关键词。本研究期望公众文化获得感量表的编制能为我国现阶段文化产业发展及其相关部门制定文化政策提供一定的借鉴与参考。

4.2　文化获得感量表开发的具体流程

　　测量是量化研究不可或缺的组成部分。1946 年，史密斯·斯蒂文斯（Smith Stevens）在《科学》（*Science*）上发表了一篇名为《测量尺度理论》（"On the Theory of Scale of Measurement"）的文章，明确了测量的含义，即"根据某些规则对对象或事物进行数值分配"（Stevens，1946：677），就是对某些变量及其测量条目进行赋值，使得它们具有可测量性。在传播学研究中，学者们也会使用量表、问卷等研究工具对传播现象进行明确的、有效的测量和度量。在社会科学与行为科学中，由于研究者测量的绝大多数对象的特质是抽象的、潜在的、不具体的、不明确的、不可直接观察的（Nunnally & Bernstein，1994；余民宁，2020），因此研究者需要自行研发测量工具对测量对象进行测量，测量工具可以让对象变得具体、可观察（罗胜强、姜嬿，2014：125）。

　　本章的主要目的是对文化获得感展开测量。为了更好地测量文化获得感，需要编制一个适当的量表。考虑到心理学、管理学领域有一套比较科学、完善的量表开发程序，本研究主要参考了德维利斯（2010）、胡月琴和甘怡群（2008）、王乐乐等（2021）对相关量表的编制程序。德维利斯（2010：57-102）认为，量表制定包括 8 个步骤：①明确你到底要测量什么；②建立一个项目池；③决定项目形式；④请专家评审最初项目池中的项目；⑤考虑把校验性项目包括进去；⑥在被试者身上施测项目；⑦评价项目；⑧优化量表长度。最终，研究者将编制公众文化获得感量表的步骤归纳为五步：第一步，明确文化获得感的概念与操作化定义，即对文化获得感这一概念进行操作化；第二步，通过半结构访谈和演绎法，编写测量文化获得感的备选题项，建立文化获得感的项目池；第三步，选择题项的问题形式与答题方式；第四步，请相关专家和有研究经验的相关人员筛选测量题项；第五步，进行预测试，检验量表的信效度，并根据数据分析结果对相关量表进行修订和完善，形成一个完整的量表。本章主要阐述了前四个步骤，第五个步骤将在第 5 章中详细地阐述。

4.3　文化获得感的理论基础

许多社会心理学研究指出，剥夺感是获得感的反向概念（王浦劬、季程远，2018，2019；徐延辉、李志滨，2021；徐延辉、刘彦，2021），以社会比较理论和剥夺感理论作为理论基础的测量方式已经被多位研究者采纳，他们的多项实证研究也证实了基于社会比较理论和剥夺感的获得感题项适用于测量公众的获得感（王浦劬、季程远，2019；李鹏、柏维春，2019；张仲芳、刘星，2020；吕小康、孙思扬，2021；吕小康、黄妍，2018）。但是，以社会比较理论与剥夺感为理论支撑的获得感测量具有一定的普遍性和相似性，因此，谭旭运等（2020）基于"需求理论"探索、验证了获得感的多维度，研究表明，源于需求理论 5 个维度的测量能够呈现获得感的丰富内涵，所以本研究将根据这一研究范式对文化获得感的内在结构进行考察。

回归到新闻传播学的学科视角，本领域的学者创建了丰富的、可供解释媒介使用行为的学术理论资源，其中，使用与满足理论（uses & gratifications theory）是最为经典的理论之一，既有研究使用该理论来分析用户或受众对大众传播媒介的使用行为和流行文化的阅听行为。鉴于绝大多数的大众传播媒介使用行为、流行文化的视听行为属于文化消费行为，本次研究试图从使用与满足理论的视角解读文化获得感，准确地说，本研究将文化获得感视为消费者从文化产品或服务中获得的满足，力图探究个体在文化消费之后满足感的获得情况，并非从"寻求满足"的角度考察消费者选择某项文化消费活动的动机或缘由。

回顾既有研究，有关媒介使用与"满足"的讨论不是在使用与满足理论提出后才被学者们认可的，传播学学者对满足或满足感的研究由来已久。早在20世纪40年代，传播学者赫尔塔·赫佐格（Herzog，1940：64-93）在研究广播节目的时候就关注到了满足研究（gratification study），她沿用心理学家关于"听众从某个节目中获得的满足感"的研究路径，访谈了一档知识问答类广播节目的听众，询问他们收听这档广播节目的诉求，以及探究不同满足感的频率分布和在不同群体身上的差异，最终她从访谈资料中总结了四种类型的诉求：竞争诉求（competitive appeal）、教育诉求（educational appeal）、自我评估诉求（self-rating appeal）、运动诉求（self-rating appeal）。本研究将赫佐格的满足研究称为"诉求说"，即受众的诉求。自使用与满足理论提出后，对"满足"的研究得到了学者们的广泛关注，使用与满足理论的提出标志着满足研究从"诉求说"过渡到"效用说"或"功能说"，这是因为研究者在对使用与满足的深入分析中发现，"媒介对个人的功用"或"为了哪些功用而使用媒介"决定了受众的媒介选择、媒介依赖（Fisher，1978：1590；麦奎尔，2010：346），所以，使用与满足理论在很大程度上关注媒介的用途、功能和使用媒介的目的。

不言而喻，使用与满足理论是传播效果研究中较为经典的理论之一。基于对满足感与大众传播媒介的研究兴趣，Katz等（1973）提出了使用与满足理论。使用与满足理论被用来考察人们为什么使用媒体，以及从媒介使用中获得的满足感，它们一直是使用与满足理论能够解释的核心研究议题。Katz等（1973：20）的使用与满足理论框架包括以下几个要素：社会心理需求、媒介期望、接触行为、需求满足、满足后的行为结果。由此可见，"需求满足"是使用与满足理论的重要内容之一，Katz等（1973）认为个体的媒介选择会造成需求满足的不同结果。自使用与满足理论提出以来，一直受到传播学学者们的青睐，已经被广泛应用于研究受众或消费者对媒介发展过程中的"旧事物"与"新事物"的使用行为，前者指向传统的大众媒介产品的消费，如看报纸、读书、看电视、阅读杂志、获取新闻资讯、听广播等文化消费形式（Berelson，1949；Rubin，1983；陈忆宁等，2014）；后者则包括网络游戏、播客、电子书等数字内容产品的消费（Shin，2011；钟智锦，2010；Lee et al.，2012；Chan-Olmsted & Wang，2020）。作为解释用户媒介消费的动机与满足情况的理论框架，使用与满足理论几乎适用于所有的媒介类型。不仅如此，学者们也借鉴使用与满足理论阐述个体选择不同类型的媒介内容或体裁（电视和广播节目类型、频道等）的动机（Bantz，1982；Rubin，1983；Rubin & Perse，1987；Barton，2009；Jiang et al.，2012）。

自此之后，在传播学研究的相关理论框架中，关于媒介满足感的研究备受传播学学者们关注（Blumler & Katz，1974；Rosengren et al.，1985；Dimmick & Albarran，1994）。如今，使用与满足理论经历了近半个世纪的发展，存在许多截然不同的研究分支。其中，有一种发展方向为"考察受众在使用媒介或媒介内容时所寻求的满足和所获得的满足之间的关系"（鲁宾，2009：394），导致满足的类型学划分得到了一些学者的关注。Katz等（1974：27）认为需要区分两种形式，第一种为在媒介接触之前形成的对内容的期望；第二种为随后从媒介消费中获得的满足感。20世纪70年代，格林伯格（Greenberg，1974：89）在研究中正式区分了"寻求满足（gratification sought，GS）"和"获得满足（gratification obtained，GO）"，如图4.1所示，这一区分模式也得到了很多学者的关注和响应（Rayburn，1996；Palmgreen et al.，1980）。回顾和梳理前人的研究，我们发现寻求满足和获得满足既相互区别、又相互联系。图4.1展示了寻求满足与获得满足的路径位置，分别位于事前、事后，即寻求满足发生在个体选择大众媒介或媒介内容之前，而获得满足发生在个体使用大众媒介以及选择媒介内容之后。

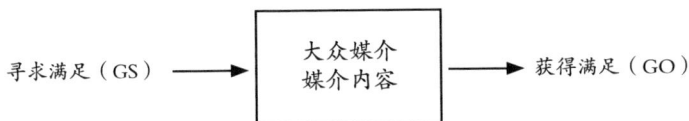

图4.1　格林伯格的寻求满足和获得满足框架（Greenberg，1974：89）

具体而言，寻求满足指的是人们为什么使用某一大众媒介、为什么选择某种特定的媒介内容，用来解释媒介消费者的采纳行为（adoption behavior）、使用行为、媒介选择行为等，以及探究这些行为背后的动机和消费目的，或者说考察消费者为了寻求什么或者期望什么而使用大众媒介、偏好媒介内容。使用与满足理论强调个体的主动性，即强调人们在选择和使用媒介是有意图的、有目的的和有动机的（Katz et al.，1973；Krcmar，2017），他们不是被动地使用媒介，以及不再被媒介利用，而是通过选择使用媒介来满足他们感知到的需求和想法（Katz et al.，1973），换言之，使用媒介取决于他们的需求和目的。寻求满足或者说是寻找动机，往往是使用与满足研究永恒的话题。纵观既往研究，学者们经过实证研究探索并确立了媒介消费动机的主要维度，诸如娱乐、社交、打发时间、信息寻求、逃离现实、传播效用、便利性效用等。Papacharissi 和 Rubin（2000）两位学者在研究上网的动机时，将动机分为内在动机和外在动机两个层面。既有文献格外关注媒介消费的寻求满足或动机，它是使用与满足理论的核心假设。

相对于寻求满足而言，获得满足则强调媒介消费后获得的满足感，指的是个人通过使用媒介实际体验到的满足感（Katz等，1973），或被称为"实际满足"（Lometti et al.，1977）。获得满足对个体是否重复、持续地选择某一特定媒介发挥着重要的作用，这是因为个体寻求的满足最终可能不会获得相应的满足，相关研究表明，获得满足是媒体使用和重复使用的良好预测因素（Kaye & Johnson，2002；Palmgreen & Rayburn，1979）。部分研究关注寻求满足和获得满足之间的区别，已有学者们关注到获得满足和寻求满足的差异性，为了研究二者的区别和联系，学者们提出了满足差异

（gratification discrepancy）的理论。满足差异理论强调，导致一个人使用媒介的动机并不总是与获得的满足完全相同（Palmgreen，1984；Palmgreen et al.，1980；Hussain et al.，2020）。换句话说，在某些媒介产品上寻求的满足并不意味着最终总能获得满足，也可能是获得过度满足、不满足或完全满足（Rokito et al.，2019）。后来，满足的差异性成为学者们钻研媒介满足感的研究问题之一（Palmgreen，1984；Palmgreen et al.，1980；Bae，2018；Rokito et al.，2019），尤其是探究两种满足与媒介满意度、使用意愿的关系，学者们一致认为，当一种媒介满足超过最初寻求的预期满足时，即当获得满足超过寻求满足时（过度满足），会导致用户对媒介的满意度以及持续使用意愿变高（Palmgreen & Rayburn，1985；Bae，2018）。

在上文中，我们提到寻求满足和获得满足既相互区别、又相互联系，既然二者的本质区别已得到清晰的阐述，那么，下文我们来进一步讨论二者之间的关系。通过回顾以往的研究发现，学者们归纳了寻求满足和获得满足的内在结构，并进一步研究了二者的相关性，诸如，Palmgreen等（1980）归纳了寻求满足和获得满足的五个维度：一般信息寻求、决策效用、娱乐、人际效用、准社会互动。他们通过电话问卷的方式考察电视新闻节目的寻求满足和需求满足的相关性，研究结果显示，各个维度所对应的寻求满足和获得满足之间存在适度或强烈的相关关系，此外，研究者还发现受众所寻求的满足并不总是与他们所获得的满足相同。在此基础上，麦奎尔（2010：349）将寻求或获得的媒介满足划分为 11 个方面，包括"信息和教育""指导和建议""消遣与放松""社会联络""价值强化""情感宣泄""认同形成和确认""生活方式的表达""安全""性""打发时间"。Palmgreen 和 Rayburn（1985）创建了一个描述寻求满足和获得满足的期望价值模型（expectancy-value model）。具体来说，他们将寻求的满足概念化为信念（或期望）的函数，设定媒体具有某些属性和对特定属性或结果的情感评估。该理论模型假设，信念（或期望）和评估的产物共同影响着满足寻求，满足寻求反过来导致媒介消费，最终导致满足的获得。因此，寻求满足和获得满足的结构一致且互相联系，寻找满足会促进个体的媒介消费行为并增强个体对获得满足的感知。

我们回顾了现有的关于媒介消费与满足的相关文献，尤其是关注寻求满足和获得满足感的文献。综合对上述两种满足类型的阐述，不难发现绝大多数研究仍然关注寻求满足，几乎所有采纳使用与满足理论的文献都将动机或寻求满足视为一个很重要的前置变量，当然这也不足为奇，说明动机对人们选择媒介（包括传统媒介、数字媒介）及其内容、体裁的影响，因此，使用与满足理论被认为是"一种思考和实证测试个人媒体使用动机的方式"（Krcmar & Strizhakova，2009：64）。在对既有文献的梳理中，我们发现少数学者同时关注寻求满足和获得满足，结合满足差异理论，他们探究了二者是相互联系和相互作用的结合体（Palmgreen，1984；Palmgreen et al.，1980；Hussain et al.，2020）。

然而，极少数学者仅仅关注"获得满足"（Barton，2009；Li，2019），如图 4.1 所示，学者们对寻求满足到大众媒介或内容选择的前半路径给予了过度的关注，但是从大众媒介或内容选择到获得满足的后半路径被忽略了，不言而喻，获得满足的重要作用不仅体现在它是人们接触大众媒介或选择媒介内容的结果变量，而且获得满足的程度会反过来继续影响人们对大众媒介及其内容的持续使用意愿和满意度。如 Li（2019）的一项研究考察了获得满足对科学类信息、健康类信息和政治类信息的使用行为的关系，通过对 23 位被试者的访谈和 949 名调查对象的电话问卷调查，最终得出研究结果，即获得满足能够有力地预测三类新闻的浏览行为。此外，从文化消费的分类形式来看，媒介产品占据了文化产品和服务的"半壁江山"；本研究关注的绝大多数文化产品与服务都属于媒介内容产品；阅听人的阅听行为仍然是文化消费中"消费"的主要特征，大众媒介系统通常被视为一种依赖于受众"消费"的"产品"（Palmgreen & Rayburn，1985），所以在很大程度上，文化消费依旧是对媒介内容产品、资讯产品、基于媒介的休闲活动的消费。因此，使用与满足理论的获得满足观点仍然适用于本研究。尤为重要的是，获得满足与获得感的内涵之间存在共通之处，即强调"实际""实在"或"实实在在"，Lometti 等（1977）认为获得满足是一种实际的、实在的满足感，而我国的一些学者认为获得感强调的是人民群众"实实在在"的得到感（郑风田、陈思宇，2017；张卫伟，2018；封铁英、刘嫄，2022），由是，本研究将应用使用与满足中的获得满足来解释文化获得感，分析公众从文化产品和服务中实实在在的获得。

如何对文化获得感进行操作化定义，如何设计一个科学化的工具对其进行测量，是本研究需要解决的关键步骤。因此，我们首先需要对文化获得感进行操作化。对某一抽象概念进行操作化是测量的第一步，操作化指的是研究者通过建立一些具体的程序或指标测量相关变量（柯惠新等，2010：31），其实质为"将抽象的概念转化为可观察的具体指标的过程"（风笑天，1996：113），研究者需要依赖既有的理论框架来对文化获得感这一抽象概念进行操作化，本研究的理论依据为上文论述的获得满足观点。

依据 2.4.1 节中学者们对获得感的界定，本研究将文化获得感的概念定义为：客观层面上文化产品与服务的获得，以及个体使用文化产品与服务的主观感受。文化获得感是衡量人民群众满足文化需求程度的重要指标，由需求与供给、主观感受和客观获得的逻辑结构决定。为了更好地测量文化获得感，本研究以使用与满足理论中的获得满足作为理论支撑，将文化获得感的操作化定义界定为：以人民群众需要的精神文化产品和服务为基础，强调人民群众对精神文化产品和服务的易得性、高品质、文化体验、文化共享、文化生活、文化权利、文化环境支持等层面的满足感。简而言之，文化获得感指的是个人从消费文化产品和服务中得到实实在在满足的主观感受，包括文化消费品可获得、高质量文化消费品可享受、文化体验可满足、文化共享可实现、文化供给可保障、文化权利可享有、文化生活可充实等。因此，它是一个包括不同内在结构的、具有层次性的、可测量的概念。

接下来，我们将建立文化获得感量表的项目池。

4.4　建立文化获得感量表的项目池

本研究采用归纳法和演绎法相结合的方法对文化获得感的备选量表题目进行编写。由于本研究是对文化获得感内在结构的探索性研究，因此，依据"自下而上"的半结构访谈收集定性研究资料，其优势是收集广泛的、丰富的原始类目，形成初步的项目池；同时，本研究依据研究者自己和研究团队所参考和学习的既有文献的获得感测量题目，结合自身和周围人的文化消费情况与对文化消费研究的了解，补充和完善文化获得感的题项。

第一阶段（2021 年 8 月—2021 年 9 月初），研究者通过滚雪球抽样，对 23 名被试者进行了半结构化访谈。访谈过程如下：研究者采用线上访谈和线下访谈的方式对被试者进行一对一的访谈。在访谈前，研究者向被试者提前说明研究背景和目的，并询问他们是否可以录音以备后续研究整理使用，并告知被试者录音不涉及被试者的个人隐私信息，不会将录音作为研究以外的其他用途，在获得被试者知情同意的情况下访谈正式开始。本研究的访谈提纲涵盖了以下三个方面。首先，研究者在介绍文化产品与服务、文化消费的含义之后，询问了被访者在过去 3—5 年的文化消费情况、近半年到一年内的文化消费情况、过去一周的文化消费情况，包括类别、频率、一起参加的人以及不同时间点的变化。其次，访谈有关文化消费的体验和感受、需求满足程度、线下线上文化消费的感受差异。最后，询问他们关于获得感和文化获得感的认知，以及使用文化产品对获得感和文化获得感的影响。每位访谈者的访谈时间在 30—60 分钟，研究者随时记录访谈者在访谈过程中的关键词。

第二阶段（2021 年 9 月），在访谈之后，研究者重新听取录音，将录音转录为文字并进一步整理，对相关文字资料进行归类。基于谭旭运等（2020）对获得感的结构划分，本研究将访谈的相关文本划分为获得文化内容、获得文化体验、获得文化环境、获得文化共享、获得文化权利、获得文化品质、获得文化生活等 7 个维度的内在结构。具体分析如下。

（1）获得文化内容。它是文化获得感的基础，指的是消费者对文化产品和服务的可及性或可接触性的认知，以及消费者对文化产品的可触及、可获得、可体验。如今，文化产品的供给更加多样化、个性化、层次化（王岩、秦志龙，2018），而且具有易获得性。在访谈中，绝大多数被试者都认为目前文化产品的种类和数量很多，很容易能够获得，尤其是互联网文化产品很容易获得。如被试者在访谈中提到：

> 我一般会用手机看小说，上面小说的类型很多，可以选择自己感兴趣的看，我躺在床上能看很久，甚至看到第二天天亮，……看一些仙侠和穿越的小说。（A1，男，学生，23 岁）

> 我经常接触的文化产品就是电影和电视剧了，很多电影上映后，我都懒得去电影院，从学校到电影院的路上得半个多小时。我都会在爱奇艺、腾讯视频上面看，我买了会员，我想看的电影在爱奇艺和腾讯视频上可以搜到，我就看一看，确实很方便，我也不着急看。而且微博、抖音上面还有电影讲解的小视频和剪辑片段，会提前剧透。（A3，女，学生，25 岁）

获得文化内容侧重于客观层面个体对文化产品易得性的感知，正如被试者在访谈中谈到的，他们会在手机上看小说、电影以及玩游戏，手机等移动设备的出现更能够提升数字内容产品的易得性，因此，获得文化内容倾向于说明文化产品的易得性，如被试者更容易获得他们喜欢的文化产品、想看的文化产品、多样的文化产品等。同一 IP 会囊括多种类型的文化产品类型，如文创产品、电影、游戏等，能够塑造与增强消费者作为"迷"的身份认同。被试者 A6 是一个"哈利·波特迷"，有关哈利·波特的文化产品她都会体验，她说：

> 我是"哈利·波特迷"，我之前会一直刷《哈利·波特》系列电影，看过无数遍了，前不久刚刚买了一直想买的魔杖，就是《哈利·波特》里面的魔杖，最近我在玩《哈利·波特：魔法觉醒》，它也是最近刚刚出的游戏，这一系列的我都很喜欢。（A6，女，教育工作者，31 岁）

（2）获得文化体验。所谓获得体验是一种积极的体验感知，表现为消费者从文化产品和服务中获得的个体需求满足，即文化产品和服务满足人们的精神文化和娱乐休闲需求。研究者问被访者"你从文化产品中获得了什么？"有趣的是，所有访谈者都提到了"放松""开心""增长知识"以及"获得新的体验方式""体验新事物"。正如几位被访者所说：

> 主要就是得到放松。（A17，男，工人，55 岁）
>
> 能够让我放松吧，平时下班大部分时间，或者在睡觉前都是在手机上看视频、追剧、听歌，就是放松心情，看完也挺开心的。（A16，女，公务员，24 岁）
>
> 我每天都在看快手直播，有个老师在讲心理学，还可以连麦，我每次看的时候都收获很多，让我收获很多积极面对生活的知识吧。（A11，女，退休在家，52 岁）
>
> 我每次做饭和烤面包的时候会搜索一些美食类短视频，它会教我怎么做饭，挺实用的，还能从一些美妆视频中学到很多。（A10，女，学生，22 岁）

> 前阵子和朋友去看了一个展，我之前很少看展，看完觉得体验很好、挺开心的，还想多去几次。（A13，女，学生，23岁）

> 其实，我在玩游戏的时候，在游戏中的角色能让我体验新的身份，获得一种全新的体验，这种体验是我在现实生活中体验不到的。（A7，男，学生，21岁）

他们的一致性回复映射了既有研究提到的需求满足理论和休闲满足理论，也符合获得感在精神层面的原本内涵。文化消费本身也是一种休闲消费或是体验性消费，因此，放松心情、让人心情愉悦、获得新体验是消费者文化消费的基本诉求。除此之外，被访者从文化消费中获得的需求满足表现在多个方面，在第2章中，我们对文化消费的分类进行了整理，借鉴苏志平和徐淳厚（1997：155）的分类方式，文化消费被划分为消遣型、娱乐型、享受型、社交型、发展型和智力型，因此，文化消费的功能指向就是消遣娱乐、享受、社交、发展和智力。

（3）获得文化环境是文化获得感的保障条件，是消费者在进行文化产品和服务的消费过程中的政策和企业供给保障。研究者在与访谈者讨论的时候，询问了大家对文化惠民政策的感知情况，几乎所有访谈者对文化惠民政策的知晓水平都较低，但是谈及具体的文化惠民内容时，即他们所在地的一些文化惠民政策，如文艺汇演、当地旅游景点对当地人实行门票免费或打折政策、文化公园和广场建设、电影下乡等，访谈者们会有一些共识或感触。如有位居住在城乡接合部的被访者提到：

> 我们小区会在之前搭建的戏台放电影，一年大约放四场吧，都是老电影……我年轻的时候还去电影院，电视、手机都能看电影之后，就很少去电影院了，小区放电影的时候人多，一堆人围着，倒是很热闹。（A21，男，个体，52岁）

还有被访者谈到当地旅游景点对当地居民的优惠：

> 最近我们这边新开发了一个旅游景点，对我们当地人都是免费开放的，还有之前的一个旅游景点的门票是可以打折的，而且早上和晚上时间段都可以免费进去，算是对当地人的优惠吧。（A16，女，公务员，24岁）

除了文化惠民政策带来的政策性支持环境，研究者基于前人的研究增加了文化产业的供给环境（李志兰，2018），如文化产品和服务提供者的社会责任和供给能力，政策性支持环境和文化产业产品供给环境共同组成了获得文化环境这一维度。

（4）获得文化共享体现了消费者在需求满足程度上的互惠共享意识，它体现了"人的社会性与集体性"（谭旭运等，2020：33）。在访谈中，受访者都提到自己会同家人、朋友、同事、不认识的网友一起享用文化产品或互相分享有趣、好玩的文化产品，如下所述：

> 我一般会和好朋友一起去看展，我们两个人都喜欢打卡，看到小红书上分享的画展都喊着朋友一起去。（A3，女，学生，25岁）
>
> 打游戏的时候，我经常会和同学还有线上的网友一起"开黑"，因为系统会匹配，还有，我加了一些网友为游戏好友，他们在我的游戏列表里，看到他们在线就叫着一起玩。（A5，男，学生，29岁）
>
> 经常和我对象去看电影，这个也算吧，一般是我俩喜欢的题材，或者是给对方"安利"的新电影。（A16，女，公务员，24岁）

（5）获得文化权利是消费者对与文化产品和服务相关的权利、产品和服务、参与机会均等性或公平性的感知。文化消费、获得感的相关研究都谈及了文化权利的重要性。例如，文化消费体现着个体作为社会人的文化权利（徐望，2015），是实现公民文化权利的重要途径（张铮、吴福仲，2019）。唐亚林和朱春（2021：125）指出，"一切围绕着公民所提供的各种文化基础设施、文化消费内容，本质都是为了保障公民的文化权利"。联合国大会（1966）颁布的《经济、社会、文化权利国际公约》第十五条规定，"公民文化权利包括人人有参与文化生活的权利；享受科学进步及其应用产生的福利的权利"等。在获得感的相关研究中，吕小康和黄妍（2018：47）认为，人民群众对"基本权益的普惠性"的主观评价也是获得感的重要内容之一。本研究认为，文化权利均等是社会公平的重要体现，因此，文化权利均等在一定程度上意味着个体对文化产品和服务的获得机会是一致的。由于受访者对这一类目的谈论较少且较为局限，因此，研究者自己编制了相关题目。

（6）获得文化品质。基于习近平总书记对"以高质量文化供给增强人们的文化获得感、幸福感"的论述，本研究认为，获得文化品质是文化获得感的重要组成部分，指的是个体对获得高质量文化产品的主观感受。王岩和秦志龙（2018）指出，新时代我国人民日益增长的精神文化需求呈现出需求品质化的特点，主要表现在文化产品的思想内涵、内在品质以及视听享受等方面。与之类似，受访者也有着一样的感触：

> 我一般会听无损音乐，音质超级好，而且配合降噪耳机，体验感超级强。（A18，男，学生，31岁）

> 我喜欢看高清的视频，一般视频网站都会有这个选项……还有就是去看展，那种很厉害的画家的画，或者是特别展，我都喜欢。（A3，女，学生，25岁）

> 文创产品很有意思呀！实用性和观赏性都有，比较有创意，所以我会收藏一些文创产品。（A6，女，教育工作者，31岁）

> 现在也可以从网上看到国家大剧院的直播，特别是新冠疫情防控期间，但是我会选择去现场观看，因为现场的视听体验非常好。（A8，男，互联网公司职员，27岁）

（7）获得文化生活。本研究将获得文化生活界定为个人对精神文化生活的满意度，获得文化生活主要体现在文化产品和服务能够充实生活、丰富生活方式等。参照 Diener 等（1985）编制的生活满意度量表，研究者自行编制了相关题目。

根据访谈内容，本研究进一步对这些内容进行分类和提取量表题项。首先，研究者初步编制了 62 个题目的量表，涵盖上述 7 个维度的内在结构，并在此基础上对量表进行了核对和增删处理，留下了 40 个题目作为下一步讨论的材料。这 40 个题目分布在 7 个维度：获得文化内容（5 个题目）、获得文化品质（7 个题目）、获得文化体验（13 个题目）、获得文化生活（6 个题目）、获得文化权利（5 个题目）、获得文化共享（4 个题目）。其次，研究者邀请了 1 位具有心理学背景的教授和 2 位新闻传播学教授、5 位新闻传播学博士、13 位新闻传播学硕士，对题目以及对应的内在结构进行评价，分别让他们填写测评问卷，让他们选择每个题目的符合程度（1=完全不符合；2=基本不符合；3=一般；4=比较符合；5=非常符合），符合程度的测量依据为每个题项是否足以测量文化获得感及其相关维度。再次，研究者经过数据收集和多次讨论，根据填答后的反馈意见，对不符合内在结构、意思偏离的题目，意思相近甚至重复的题目，表达有歧义、晦涩难懂和意思模糊的题目予以删除。最后，研究者自己又进一步对相关题目的表述方式进行了修改和调整，最终编制成文化获得感初步量表。该量表涵盖 7 个内在结构，包括：获得文化内容（4 个题目）、获得文化品质（4 个题目）、获得文化体验（13 个题目）、获得文化生活（3 个题目）、获得文化权利（3 个题目）、获得文化共享（3 个题目）、获得文化环境（7 个题目），共计 37 个，如表 4.1 所示。

表 4.1　文化获得感（Cultural Gain，CG）初步量表

内在结构	题项
获得文化内容	目前，我能够容易地获得…… CG 1：各种类型的文化产品 CG 2：我喜好的文化产品 CG 3：很多的文化产品 CG 4：我想要的文化产品
获得文化品质	目前我所获得的文化产品是…… CG 5：低品质的 / 高品质的 CG 6：没什么创意的 / 非常有创意的 CG 7：过时的 / 新颖的 CG 8：体验感非常差 / 体验感极好
获得文化体验	我认为文化产品能够…… CG 9：提升能力 CG 10：让我放松 CG 11：让我暂时逃离工作、学习 CG 12：让我能够感受到与他人的关系更加密切 CG 13：让我意识到在选择休闲方式上我是有自主性的 CG 14：让我觉得这是一件有意义的事情 CG 15：让我心情愉悦 CG 16：增长知识 CG 17：满足我的好奇心 CG 18：让我获得新的体验 CG 19：让我获得成就感 CG 20：让我获得满足感 CG 21：提供给我尝试新事物的机会
获得文化生活	我认为享用文化产品…… CG 22：给我的生活带来了新面貌 CG 23：让我的生活更加充实 CG 24：到目前为止，我对我的精神文化生活感到满意

续表

内在结构	题项
获得文化权利	CG 25：我和我周围的人获得文化产品的机会是一样的 CG 26：我周围的人可以获得的文化产品，我也能获得 CG 27：我认为现有的文化产品可以满足不同人群的文化需求
获得文化共享	CG28：我会主动和他人交流与文化产品相关的信息 CG29：我经常会与他人一起享用文化产品 CG30：我经常将一些文化产品推荐给他人
获得文化环境	CG31：我所在市区的公共文化场馆（图书馆、文化馆、美术馆、博物馆）免费向当地市民开放 CG32：我所在市区的旅游景点会对当地市民实行门票打折或免费的优惠 CG33：我所在的市区会举办一些文艺汇演和当地的特色文化活动 CG34：我所在市区的文化广场和公园能够满足市民日常的文化休闲需求 CG 35：我认为文化产品的提供者能够保障我对文化产品的需求 CG 36：我认为文化产品的提供者会对文化产品的品质负责 CG 37：我认为文化产品的提供者是非常专业的

4.5　本章小结

在中国本土化语境下，文化获得感是由获得感延展出来的核心概念，具有可观测性。本研究将文化获得感放置于传播效果的研究范式之下，从阅听人或受众研究视角考察个体使用文化产品和服务的获得满足。本研究分析文化获得感的理论基础和依据为使用与满足理论，特别关切使用与满足理论发展过程中学者们关于获得满足的观点论述。以使用与满足理论中的获得满足为理论支撑，本研究对文化获得感进行了操作化定义，将其界定为：以人民群众需要的精神文化产品和服务为基础，强调人民群众在精神文化产品和服务的易得性、高品质、文化体验、文化共享、文化生活、文化权利、文化环境支持等层面的满足感。

在此基础上，本研究通过半结构访谈法自下而上建构文化获得感的相关类目，编制初步的文化获得感量表，该量表包括7个内在结构，37个测量题目。这7个维度的内在结构分别为：1）获得文化内容，指的是个体对文化产品和服务获得的容易性感知；2）获得文化品质，指的是个体对获得高质量文化产品和服务的主观感受；3）获得文化环境，指的是政府和文化产业分别在政策保障和供给方面为消费者共同创造的支持性环境；4）获得文化体验，指的是个体从文化产品和服务中获得的需求满足程度；5）获得文化生活，指的是个体对文化产品介入生活的满意程度；6）获得文化权利，指的是个体对文化权利均等的感知；7）获得文化共享，指的是个体对文化产品的共享意识，以及与他人共同享受文化产品。公众文化获得感量表的初步制定，为下一章探索与确定我国公众文化获得感内在结构并建立有效的测量工具奠定了基础。

第 5 章

文化获得感量表内在结构的
探索与验证

CHAPTER 5

文化数字化战略下
公众文化获得感研究

在第 4 章形成文化获得感初步量表的基础上，本章将依次对文化获得感的内在结构进行探索性因子分析和验证性因子分析，并形成最终的文化获得感量表，为第 6、7 章检验不同文化消费模式与文化获得感、幸福感的关系提供科学的测量工具。

5.1 文化获得感内在结构的探索

5.1.1 研究目的

本节旨在对文化获得感的内在结构进行探索性因子分析，初步确定文化获得感的内在结构以及对应的题目。

5.1.2 数据来源与测量

5.1.2.1 被试者

在问卷正式发放之前，本研究先使用拟定好的问卷进行初步施测，研究者使用问卷星（链接：https://www.wjx.cn/sample/service.aspx）的样本服务进行问卷收集。问卷星是一个专业的问卷调查平台，拥有超过 250 万被试者的样本库，可以提供样本收集服务。因此，本研究使用问卷星的样本服务招募被试者并发布有偿问卷，被试者填写问卷且通过问卷星样本服务的系统筛选后，就会收到一定的报酬。本次问卷调查共收集到347份问卷。为了提高作答质量，避免被试者在填写问卷过程中的不认真作答情况，研究者设置了两道注意力检测题帮助筛选不认真作答的数据，具体规则为：只要被试者答错其中任何一道题，其问卷都会被视为无效问卷。注意力检测题可以有效地帮助研究者识别和处理不认真作答数据。钟晓钰等（2021）认为，被试者在问卷填答过程中不认真作答的直接后果就是"数据失真"，因此，研究者需要针对事前、事后的不同情况减少虚假作答，提高数据的真实性。借鉴其他研究者在文章中提及的事后识别法，研究者采用选项指示题和计算题来筛选无效问卷，最终共有9位被试者选错选项，剩余有效样本338份。被试者平均年龄为31岁（$M=30.6$，$SD=6.7$，$Mdn=30.0$），其中有212人（62.7%）为女性，大学本科及以上学历的被试者占比84.2%。

5.2.2.2　变量测量

本研究涉及相关变量的测量方式如下。

（1）公众文化获得感。本章使用自编的37题项文化获得感量表，并采用李克特7点量表进行计分。该量表包括7个维度：（1）获得文化内容，由4个题项构成；（2）获得文化品质，由4个题项构成；（3）获得文化体验，通过13个题项进行测量；（4）获得文化生活，由3个题项组成；（5）获得文化共享，测量题目为3个；（6）获得文化环境，测量题目为7个；（7）获得文化权利，测量题目为3个。详见表4.1。

（2）控制变量：包括性别、年龄和受教育程度三个人口学变量。性别变量通过询问被试者"您的性别为…"来测量，选项包括："男性"或"女性"。年龄则为被试者的具体年龄（周岁）。受教育程度则通过询问"您的受教育程度为…"进行测量，选项包括：初中及以下，高中、中专及技校，大学专科，大学本科，研究生及以上。

5.1.3 研究结果

研究者先对数据进行项目分析，目的在于"检验编制的量表或测验个别题项的适切或可靠程度"（吴明隆，2010：158）。项目分析常用的方法为临界比值法和同质性检验法，临界比值法主要通过 t 检验来实现，而同质性检验需要计算每个题项与题总相关数值是否显著。依据心理学量表开发的步骤，研究者计算了整体量表的总分，并根据总分数的高低顺序排列，取高分端的 27% 和低分端的 27%，分别命名为高分组和低分组。本研究的高分组、低分组的样本分别为 91 份（338×27%=91.26）。研究者利用独立样本 t 检验来探究每个题项在高分组和低分组的均值差异是否显著，未达到显著性的题项且临界比值小于 3.0 将被剔除（吴明隆，2010：160），目的是检验题项的鉴别度；若题项与量表总分的相关系数小于 0.4，则说明题项与量表之间的关系较弱，可以考虑删除（吴明隆，2010：160），具体步骤如下。

首先，研究者采用独立样本 t 检验检查了高分组和低分组的差异性是否显著，研究结果显示，所有题项的高分组和低分组的差异性均显著且大于 3.0（见表 5.1），因此，所有题项都通过了项目的鉴别度测试。其次，研究者对量表进行了题总相关分析，筛选规则为题项分值的题总相关不显著，以及相关系数大于 0.4，否则，会被研究者剔除，因此，CG 17 "满足我的好奇心"与量表总分的相关系数小于 0.4（$r=0.336$，$p<0.001$），被删除。

在项目分析之后，我们继续对量表进行探索性因子分析。一般而言，探索性因子分析的样本数为题项数的 5 倍到 10 倍（Stevens，2002），本子研究的样本数为 338，因此符合探索性因子分析的样本数要求。

表 5.1 文化获得感量表的项目分析结果

内在结构	题项编号	CR 值	题总相关
获得文化内容	CG 1	11.329***	0.617***
	CG 2	12.071***	0.646***
	CG 3	11.770***	0.661***
	CG 4	13.108***	0.675***
获得文化品质	CG 5	12.738***	0.630***
	CG 6	10.585***	0.523***
	CG 7	7.778***	0.433***
	CG 8	10.995***	0.559***
获得文化体验	CG 9	10.14***	0.549***
	CG 10	8.966***	0.500***
	CG 11	7.546***	0.372***
	CG 12	10.527***	0.572***
	CG 13	8.283***	0.458***
	CG 14	8.061***	0.477***
	CG 15	10.079***	0.518***
	CG 16	7.72***	0.401***
	CG 17	5.981***	0.336***
	CG 18	7.475***	0.404***
	CG 19	9.817***	0.542***
	CG 20	10.751***	0.557***
	CG 21	7.144***	0.412***
获得文化生活	CG 22	10.449***	0.578***
	CG 23	11.613***	0.567***
	CG 24	11.578***	0.629***
获得文化权利	CG 25	8.422***	0.460***
	CG 26	11.327***	0.608***
	CG 27	10.3***	0.588***

续表

内在结构	题项编号	CR 值	题总相关
获得文化共享	CG 28	9.465***	0.564***
	CG 29	10.139***	0.555***
	CG 30	10.519***	0.535***
获得文化环境	CG 31	6.474***	0.427***
	CG 32	6.706***	0.422***
	CG 33	9.398***	0.515***
	CG 34	8.236***	0.494***
	CG 35	10.627***	0.551***
	CG 36	9.484***	0.558***
	CG 37	13.253***	0.602***

注："CR 值"为组合信度；"题总相关"为单一题项与总分的相关系数。

首先，根据预设的 7 个因子，研究者利用探索性因子分析，进行主成分分析法，提取固定因子 7 个。研究结果显示，第 6、7 个因子的特征值小于 1。"获得文化权利"因子由两个题项构成（CG 25、CG 26、CG27）；"获得文化体验"被分成两个因子，CG 9 "提升技能"、CG 16 "增长知识"两个题项聚成一个因子，其他题项聚成一个因子；"获得文化生活"融入"获得文化体验"所在的因子中，研究者将 CG 9 "提升技能"、CG 16 "增长知识"，以及"获得文化权利"的 3 个题项删除。其次，以提取 5 个因子数，获得 5 个因子，研究者逐步删除载荷值小于 0.4，以及在两个因子上的载荷都大于 0.4 的题项。最终，研究者抽取 5 个固定因子，5 个因子的初始特征值均大于 1，5 个累计因子解释总方差为 54.79%，$KMO=0.890$，Bartlett 球形检验的 $x^2=2163.110$，$df=210$，显著性小于 0.001，适合通过探索性因子分析进行结构的探索。各个题目的载荷均大于 0.4，最后得到 21 个题项，文化获得感的内在结构以及各个维度保留的题项如表 5.2 所示。

表5.2　文化获得感量表的探索性因子结构

题项	因子				
	1. 获得文化环境	2. 获得文化体验	3. 获得文化内容	4. 获得文化共享	5. 获得文化品质
CG 33	0.734				
CG 34	0.665				
CG 32	0.583				
CG 37	0.575				
CG 35	0.492				
CG 36	0.447				
CG 15		0.687			
CG 20		0.664			
CG 14		0.595			
CG 23		0.562			
CG 18		0.557			
CG 3			0.765		
CG 1			0.721		
CG 2			0.692		
CG 30				0.746	
CG 29				0.667	
CG 28				0.645	
CG 8					0.783
CG 7					0.674
CG 6					0.653
CG 5					0.454
特征值	2.552	2.473	2.209	2.167	2.104
方差贡献率	12.154	11.776	10.520	10.318	10.018
累积方差贡献率	12.154	23.930	34.450	44.768	54.786

本小节通过探索性因子分析对我国公众文化获得感的内在结构进行了初步探索，再次形成了一个包含 5 个因子、21 个题项的文化获得感初步量表。这 5 个因子分别包括：（1）获得文化环境，包括 6 个测量题项；（2）获得文化体验，包括 5 个测量题项；（3）获得文化内容，包括 3 个测量题项；（4）获得文化共享，包括 3 个测量题项；（5）获得文化品质，包括 4 个测量题项。

5.2 文化获得感内在结构的验证

5.2.1 研究目的

在上一节中，我们首先确定了文化获得感的 5 个维度，并再次形成一个初步的文化获得感量表，包括 5 个因子、21 题项。然而，该量表的内部结构的准确性、有效性、可靠性仍需要进一步验证，因此，本章旨在对文化获得感内在结构进行验证性因子分析，形成最终的文化获得感量表。

5.2.2 数据来源与测量

5.2.2.1 被试者

由于在量表探索和验证两个阶段样本的收集方式需要一致，因而本研究继续通过问卷星的样本服务收集问卷。研究者在 2022 年 1 月 14 日至 2 月 9 日发放有偿问卷，并在回收问卷后删除随便填答的无效样本，最终收到的有效样本数为 1073 份。在 1073 份有效样本中，被试者的平均年龄为 33 岁（$M=32.8$，$SD=8.5$，$Mdn=32.00$），其中有 538 人为女性（50.1%）、535 人为男性（49.9%），大学本科及以上学历的被试者占比 82.7%。

5.2.2.2 变量测量

本研究涉及相关变量的测量方式如下。

1.公众文化获得感量表：本研究使用探索性因子分析后获得21题项文化获得感量表，并采用李克特7点量表进行计分。该量表主要包括5个维度：（1）获得文化内容，由3个题项构成；（2）获得文化品质，由4个题项构成；（3）获得文化体验，通过5个题项进行测量；（4）获得文化共享，测量题项为3个；（5）获得文化环境，测量题项为6个。

2.效标变量包括获得感、总体获得感、总体幸福感、生活满意度。

（1）获得感。本研究通过横向获得感、纵向获得感、家庭经济状况等三个相关题项对获得感进行测量，并采用李克特7点量表进行评价（1＝非常不同意，7＝非常同意）。

（2）总体获得感。本研究借鉴了王俊秀（2018）在研究中使用的一个获得感问题，即"直到现在为止，我都能够得到我在生活上希望拥有的重要东西"，上述题目采用李克特7点量表进行评价（1＝非常不同意，7＝非常同意）。

（3）总体幸福感。本研究使用一题项幸福感测量题目来衡量个体的总体幸福感。Bergkvist和Rossiter（2007：183）在对多题项测量和单一题项测量的研究中指出，"如果用好的单项测量方法代替常用的多项测量方法，那么理论测试和实证结果将不会改变"。在许多社会科学研究中，尽管学者们对幸福感的测量方式、测量维度、计分方式不尽相同，但是既有研究证实，一题项的幸福感仍然是测量总体幸福感的有效方式（Abdel-Khalek，2006）。本研究也使用李克特7点量表来测量个体的总体幸福感（1＝非常不同意，7＝非常同意）。

（4）生活满意度。本研究采用Dieneret等（1985）编制的生活满意度量表，共5个题目，包括"我的生活大致符合我的理想""我的生活状况非常圆满""我对我的生活很满意""直到现在为止，我都能够得到我在生活上希望拥有的重要东西""如果我能重新活过，差不多没有我想改变的东西"。该量表采用了李克特7点量表计分（1＝非常不同意，7＝非常同意）。

3. 人口学题目：包括性别、年龄和受教育程度三个问题。

4. 注意力题目：本研究使用了两道注意力筛选题目，第一题为"该题目为注意力测试题，请选择'有点满意'"，第二题为"请计算 24+17＝ "。

5.2.3 研究结果

研究结果的解读包括三个部分，分别为：（1）通过验证性因子分析对文化获得感量表的 5 个维度的内在结构进行验证；（2）对本研究编制的包含 5 因子的文化获得感量表的信度、结构效度和相关系数进行解读，进一步验证量表的可靠性和有效性；（3）检验文化获得感量表与效标变量的效标关联度。

验证性因子分析是检验潜在构面（latent constructs）的性质和关系的强有力的统计工具。有研究者认为，与探索性因子分析相比，验证性因子分析明确测试观察变量与潜在变量或因子之间关系的先验假设（Jackson et al., 2009：6）。Brown（2006）指出，验证性因子分析通常是开发和完善测量工具、评估结构效度的有效分析工具。目前，国内外社会科学领域多采用验证性因子分析来开发量表、检验效度等（胡月琴、甘怡群，2008；王馥芸等，2020；Ho et al., 2020）。本研究使用验证性因子分析来确认 5 因子的文化获得感的效度，并识别先前探索性因子分析中保留的项目。验证性因子分析采用 Amos 的最大似然参数估计。在验证性因子分析的输出结果中，研究者们建议通过一系列的指标来判断和评估模型的配适度，诸如卡方自由度比，*CFI*、*TFI* 等相对拟合优度指数，*RMSEA*（近似均方根误差）等绝对拟合优度指数。（Jackson et al., 2009；吴明隆，2010；Hu & Bentler, 1999）在验证性因子分析之前，我们再次对问卷进行题总相关分析和探索性因子分析，研究发现，所有题项的题总相关系数均大于 0.4，且探索性因子分析与 5.1 节的结果具有一致性。

根据学者们的建议，本研究设定了 5 个竞争模型。（1）单因子模型（one-factor model）：我们假定 21 个题项能够共同解释唯一的潜变量——文化获得感。（2）二因子模型（two-factor model）：我们将获得文化内容、获得文化品质、获得文化共享合并为一个维度，获得文化环境与获得文化体验合并为一个维度。（3）三因子模型（three-factor model）：获得文化内容、获得文化共享有一个共同的潜变量，获得文化体验和获得文化环境有一个共同的潜变量，获得文化品质单独作为一个潜变量。（4）四因子模型（four-factor model）：获得文化内容、获得文化品质有一个共同的潜变量，获得文化体验、获得文化共享、获得文化环境分别作为一个单独的潜变量。（5）五因子模型（five-factor model）：该模型包括获得文化内容、获得文化品质、获得文化体验、获得文化共享、获得文化环境等五个潜在变量。本研究采用Amos软件分别对5个竞争模型进行检验，并基于分析后的模型拟合指标来判断5个竞争模型的优劣。

验证性因子分析后，5个模型的配适度指标见表5.3。结果显示，单因子模型的配适度良好（$x^2=1780.079$，$df=189$，$x^2/df=9.418$，$RMSEA=0.089$，$GFI=0.841$，$CFI=0.798$，$TLI=0.776$，$RMR=0.085$），但是x^2/df、$RMSEA$较高，CFI、TLI值较低、不可接受。二因子模型的配适度比单因子模型的配适度要好（$x^2=1434.843$，$df=188$，$x^2/df=7.632$，$RMSEA=0.079$，$GFI=0.870$，$CFI=0.842$，$TLI=0.823$，$RMR=0.073$），虽然相关数值都比单因子模型的要高，但是仍未符合我们的筛选标准。与单因子和二因子模型的配适度相比，三因子模型的配适度有一定的进步（$x^2=1207.82$，$df=186$，$x^2/df=6.494$，$RMSEA=0.072$，$GFI=0.888$，$CFI=0.870$，$TLI=0.854$，$RMR=0.068$），但是相关指标仍未达到标准。四因子模型的配适度结果显示，相关指标都较好（$x^2=865.573$，$df=183$，$x^2/df=4.730$，$RMSEA=0.059$，$GFI=0.919$，$CFI=0.913$，$TLI=0.901$，$RMR=0.057$），x^2/df、$RMSEA$、RMR三个指标接近理想数值。

表 5.3　验证性因子分析模型配适度指标的对比

模型	x^2	df	x^2/df	RMSEA	GFI	CFI	TLI	RMR
五因子模型	472.43***	177	2.669	0.039	0.959	0.963	0.956	0.041
四因子模型	865.573***	183	4.730	0.059	0.919	0.913	0.901	0.057
三因子模型	1207.82***	186	6.494	0.072	0.888	0.870	0.854	0.068
二因子模型	1434.843***	188	7.632	0.079	0.870	0.842	0.823	0.073
单因子模型	1780.079***	189	9.418	0.089	0.841	0.798	0.776	0.085

我们发现，五因子模型的配适度比 4 个其他模型的配适度要好（x^2=472.43，df=177，x^2/df=2.669，RMSEA=0.039，GFI=0.959，CFI=0.963，TLI=0.956，RMR=0.041），各个拟合指标均达到理想指标的要求，GFI、CFI、TLI 的数值均大于 0.95。综合上述研究结果可知，五因子模型的模型配适度最佳，所以五因子的文化获得感结构得到了验证，见图5.1。

最后，我们对文化获得感五因子模型的信度、聚合效度和区分效度进行检验，结果如表 5.4 所示。第一，我们检验了文化获得感量表的内部一致性信度（Cronbach's Alpha）和折半信度。获得文化内容的内部一致性信度为 0.768，折半信度为 0.723；获得文化品质的内部一致性信度为 0.723，折半信度为 0.809；获得文化共享的内部一致性信度为 0.776，折半信度为 0.718；获得文化体验的内部一致性信度为 0.763，折半信度为 0.767；获得文化环境的内部一致性信度为 0.780，折半信度为 0.722。参考 Hair 等（2018：120）的建议，内部一致性信度应该不低于 0.6 或 0.7，由此可见，5 个维度的信度均大于 0.7，可以说明文化获得感 5 个维度的内部一致性较好。第二，所有题项的因子载荷值都大于 0.5，符合数据标准。

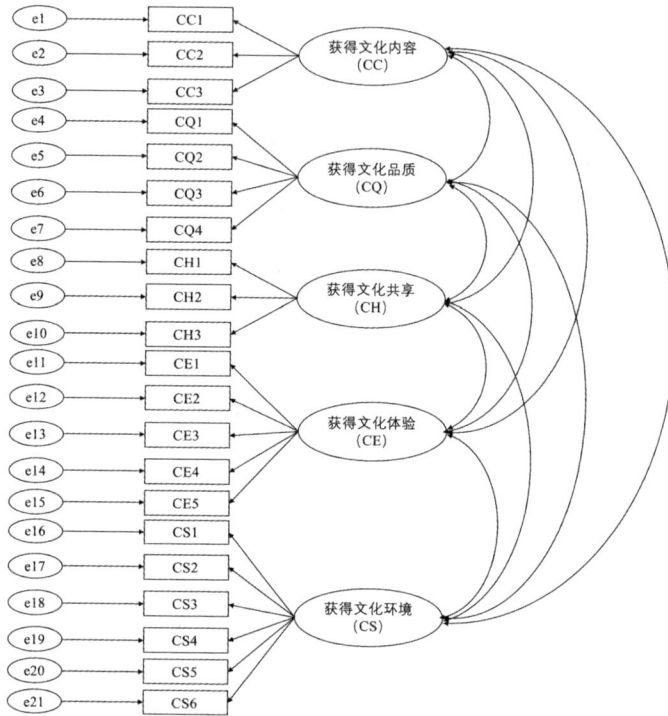

图5.1 文化获得感的测量模型

表5.4 被观测变量的描述性统计和因子载荷（重新编码）

量表题项	因子载荷值	M	SD
CS 1：我所在的市区会举办一些文艺汇演和当地的特色文化活动	0.721	5.21	1.232
CS 2：我所在市区的旅游景点会给当地市民门票半价、打折或免费的优惠	0.659	5.01	1.471
CS 3：我所在市区的文化广场和公园能够满足市民日常的文化休闲需求	0.641	5.43	1.168
CS 4：我认为文化产品的提供者能够保障我对文化产品的需求	0.588	5.42	1.111
CS 5：我认为文化产品的提供者会对文化产品的品质负责	0.576	5.49	1.159
CS 6：我认为文化产品的提供者是非常专业的	0.561	5.35	1.15

续表

量表题项	因子载荷值	M	SD
CE 1：让我心情愉悦	0.693	5.97	0.968
CE 2：让我的生活更加充实	0.671	5.95	1.009
CE 3：让我获得满足感	0.647	5.78	1.049
CE 4：让我获得新的体验	0.615	5.75	1.008
CE 5：让我觉得这是一件有意义的事情	0.592	5.54	1.157
CQ 1：没什么创意的 — 非常有创意的	0.779	5.09	1.176
CQ 2：低品质的 — 高品质的	0.741	5.21	1.003
CQ 3：过时的 — 新颖的	0.686	5.37	1.106
CQ 4：非常差的 — 极好的	0.662	5.4	1.064
CH 1：我经常将一些文化产品推荐给其他人	0.762	5.3	1.33
CH 2：我会经常与他人一起享用文化产品	0.762	5.27	1.275
CH 3：我会主动和他人交流与文化产品相关的信息	0.700	5.33	1.119
CC 1：很多的文化产品	0.765	5.4	1.273
CC 2：各种类型的文化产品	0.763	5.41	1.227
CC 3：我喜好的文化产品	0.593	5.53	1.031

在此基础上，潜在变量的组合信度（CR）和平均方差提取（AVE）通常被认为是评估测量程序的结构效度的方法（Campbell & Fiske，1959），组合信度需要大于 0.7，本研究的 5 个因子均符合该标准，Fornell 和 Larcker（1981）认为理想情况下平均方差提取的标准值须大于 0.5，但本研究并未使用成熟的量表，在本质上本研究属于探索性研究，因此，参照既有研究（Lam，2012），我们发现如果组合信度、内部一致性信度的数值大于 0.6，平均方差提取小于 0.5 也是可以接受的。Fornell 和 Larcker（1981）在对区别效度的分析中指出，平均方差提取的平方根（SRAVE）应该要大于各个因子之间的相关系数，如表 5.5 所示，相关系数的对角线为平均方差提取开平方后的值，所有数值都远大于因子之间的相关系数。综上，本研究提出的

五因子文化获得感模型的信度、聚合效度和区分效度基本上是合理的。

表5.5　信效度与相关性系数

维度	题项数	Cronbach's Alpha	折半信度	CR	AVE	1	2	3	4	5
1	3	0.768	0.723	0.752	0.506	0.711				
2	4	0.797	0.809	0.810	0.516	0.527***	0.718			
3	3	0.776	0.718	0.786	0.551	0.511***	0.456***	0.742		
4	5	0.763	0.767	0.780	0.415	0.541***	0.499***	0.540***	0.644	
5	6	0.780	0.722	0.794	0.393	0.475***	0.521***	0.489***	0.534***	0.626

注：1＝获得文化内容；2＝获得文化品质；3＝获得文化共享；4＝获得文化体验；5＝获得文化环境。相关系数的对角线为AVE开平方后的值。

第三，我们对五因子文化获得感量表进行效标关联效度检验。胡月琴和甘怡群（2008）指出，如果测量量表与效标变量具有显著的相关性，则能够进一步支持量表的外部效度。本研究选择四个效标变量辅助测量：获得感、总体幸福感、总体获得感和生活满意度。所有效标变量引用自既有文献中学者们对获得感和幸福感的测量，如果文化获得感与效标变量的相关系数显著，那么就说明文化获得感具有较好的效标关联效度。

如表5.6所示，我们对文化获得感量表和相关效标变量的量表进行了相关性分析。相关分析结果表明，首先，文化获得感（总分）与获得感、总体幸福感、总体获得感、生活满意度等效标都呈正相关，其中，文化获得感（总分）与生活满意度的相关系数较高且非常显著（$r=0.516$，$p<0.001$）。其次，本研究分别对五个维度和效标变量之间的相关关系进行了检验，结果如下。（1）获得文化内容与获得感、总体幸福感、总体获得感、生活满意度的相关分析结果显示，获得文化内容与生活满意度的相关系数最高（$r=0.407$，$p<0.001$），获得文化内容与总体获得感的相关性系数次之（$r=0.340$，$p<0.001$）。（2）相关性分析结果显示，获得文化品质与

四个效标变量的相关结果是正向的、显著的，获得文化品质与获得感、总体幸福感、总体获得感、生活满意度的相关系数分别为 0.367（$p<0.001$）、0.425（$p<0.001$）、0.391（$p<0.001$）、0.476（$p<0.001$）。（3）获得文化共享与获得感、总体幸福感、总体获得感、生活满意度均呈显著正相关，获得文化共享与生活满意度的相关系数最高（$r=0.370$，$p<0.001$）。（4）获得文化体验分别与获得感、总体幸福感、总体获得感、生活满意度呈正相关。（5）获得文化环境与获得感、总体幸福感、总体获得感、生活满意度也呈显著正相关，它与生活满意度的相关系数最高（$r=0.432$，$p<0.001$）。

表 5.6　文化获得感与效标变量的相关性分析

变量名	获得感	总体幸福感	总体获得感	生活满意度
文化获得感（总分）	0.389***	0.437***	0.432***	0.516***
获得文化内容	0.309***	0.298***	0.340***	0.407***
获得文化品质	0.367***	0.425***	0.391***	0.476***
获得文化共享	0.281***	0.313***	0.306***	0.370***
获得文化体验	0.300***	0.302***	0.275***	0.326***
获得文化环境	0.277***	0.357***	0.366***	0.432***

因此，文化获得感量表具有良好的效标关联度。综上，经过验证性因子分析后，本研究最终获得了一个含有 5 个维度的内在结构、21 个测量题项的文化获得感正式量表（表 5.7）。

表 5.7　文化获得感正式量表

内在结构	题项
获得文化内容	目前我很容易获得各种类型的文化产品 目前我很容易获得我喜好的文化产品 目前我很容易获得很多的文化产品

续表

内在结构	题项
获得文化品质	目前您获得的大多数文化产品是低品质的 / 高品质的 目前您获得的大多数文化产品是没什么创意的 / 非常有创意的 目前您获得的大多数文化产品是过时的 / 新颖的 目前您获得的大多数文化产品是体验感非常差 / 体验感极好
获得文化共享	我会主动和他人交流与文化产品相关的信息 我会经常与他人一起享用文化产品 我经常将一些文化产品推荐给其他人
获得文化体验	让我心情愉悦 让我获得满足感 让我的生活更加充实 让我获得新的体验 让我觉得这是一件有意义的事情
获得文化环境	我所在市区的旅游景点会给当地市民提供门票半价、打折或免费的优惠 我所在的市区会举办一些文艺汇演和当地的特色文化活动 我所在市区的文化广场和公园能够满足市民日常的文化休闲需求 我认为文化产品的提供者能够保障我对文化产品的需求 我认为文化产品的提供者会对文化产品的品质负责 我认为文化产品的提供者是非常专业的

5.3　本章小结

在第 5 章中，本研究根据使用与满足理论的获得满足观点提出了文化获得感的七因子结构，并通过收集两次样本来进行实证检验，利用探索性因子分析和验证性因子分析分别探索和验证了文化获得感量表的内在结构。在 5.1 节探索性因子分析部分，我们检验了在第 4 章中经过归纳法和演绎法对文化获得感维度的划分，初步确立了5个维度的文化获得感量表，预设的其他2个维度被删掉。在5.2验证性因子分析部分，我们对文化获得感的五个结构模型进行验证，验证性因子分析的结果再次检验了文化获得感内在结构划分上的有效性，而且信效度指标也达到了标准，证明了内在结构划分的合理性、可靠性和稳定性。最后，本研究选取获得感、总体获得感、总体幸福感和生活满意度等四个变量作为效标变量，相关分析数据表明，文化获得感量表的总分以及各个维度均与效标变量具有显著的、正向的相关性，所以该量表也具有较好的效标关联度。因此，本研究关注的核心变量——文化获得感的测量量表由5个因子、21个测量题项构成，5个因子分别为：获得文化内容、获得文化品质、获得文化共享、获得文化体验、获得文化环境。

第 6 章
文化获得感：线上与线下文化消费共同的功能指向

CHAPTER 6

文化数字化战略下
公众文化获得感研究

文化获得感的理论源头是使用与满足理论的受众分析观点——"获得满足",也就是说,文化获得感是使用文化产品和服务的结果变量,它强调公众从文化产品和服务得到的满足感,那么文化消费是否能预测人们的文化获得感?线上与线下文化消费对文化获得感的预测作用是否一致呢?两者是互补还是替代关系?这些疑问亟需解答。

在第5章中,我们分析了文化获得感的内在结构,剖析出了获得文化内容、获得文化品质、获得文化体验、获得文化共享、获得文化环境等5个维度,它们依次对应易得性、高品质、体验性、社交性、文化氛围等层面的满足感。目前,文化产品与服务的种类日益多元化,线上与线下的精神文化产品与服务共同作用于广大人民群众的文化获得感,所以在本质上,二者具有明显的"功能相等物"或"功能替换物"的属性,也就是说,线上文化消费与线下文化消费均能让个体在相同或不同的层面获得满足,具体从功能主义的视角来看,二者的功能趋向于共同性和一致性。基于此,以文化获得感为个体"获得满足"的结果变量,线上文化消费与线下文化消费能不能预测文化获得感?二者是否为功能相等物?或者说,就文化获得感而言,线上文化消费是否能成为线下文化消费的功能替换品?如果线上文化消费与线下文化消费是能够提升文化获得感的功能相等物,那么,线上与线下文化消费之间的关系是互补性的还是取代性的?也就是说,在使用强度层面,线上文化消费是不是补充或取代线下文化消费的数字相等物?

6.1 理论基础与研究问题

6.1.1 功能相等物的取代观点和补充观点

功能相等物是使用与满足理论发展过程中出现的另一观点，它与"获得满足"的观点具有密不可分的关系。功能相等物的概念是从以媒介为核心的休闲活动中提出来的。1958 年，Himmelweit 等（1985：363）在对青少年观看电视、听广播、看电影、看漫画书以及其他休闲活动的研究中发现，看电视替换了听广播、看电影和读漫画，因为它们都有类似的娱乐功能，能够满足人们追求娱乐的需求。他们将这些能够满足人们同一种需求的媒介物称之为需求相等物，并将看电视能够取代听广播、看漫画和电影的现象称为取代效应（displacement effect）。因此，之后的研究者们往往将功能相等物和功能替换物相提并论，然而，从属性上看，功能相等物和功能替换物的关系体现了递进性，研究者们认为满足相同需求的活动被称为功能相等物（Lee & Leung，2008），在此基础上，满足相同需求的活动或功能相等的事物最有可能被替换，这些具有替换性作用的新活动被称为功能替换物（Himmelweit et al.，1985；Lee & Leung，2008；Dal Cin et al.，2023），如新兴的媒介具有替换旧有媒介或活动的功能——娱乐、放松、逃避等，且能更好地满足人们的需求，那么新旧媒体可以成为一组功能相等物与功能替换物。

有关功能相等物的研究者关注各种媒介消费活动之间的关系，尤其是新媒介消费与旧媒介消费之间的关系，研究者们将其总结为两种效应：一种为取代效应，另一种为补充效应（complementary effect）。这两种效应的研究主要集中在新闻与信息消费、媒介使用、政治传播和健康传播的信息寻求与获取等领域（Himmelweit et al.，1958；Lee & Leung，2008），最近一项关于休闲或文化消费的研究的依据也是这一理论框架（Gallistl & Nimrod，2020）。

从 20 世纪 50 年代的电视研究，再到 21 世纪初的互联网研究，学者们对于新旧媒介产品之间的替代或互补效应尚未达成共识。电视可以取代漫画、阅读和电影（Himmelweit et al.，1958），电视、广播和报纸会被互联网取代（Lee & Leung，2008；De Waal & Schoenbach，2010；迪米克，2013；Gaskins & Jerit，2012）。Lee 和 Leung（2008）的研究调查了互联网的取代效应，以时间比例为计量方式，发现使用互联网与阅读报纸和杂志呈负相关，表明经常上网的人不太可能阅读印刷材料。国内学者针对新闻消费、媒介接触等研究领域的取代与补充效应开展了一系列研究。吴舫和崔迪（2019）在对今日头条与传统新闻获取渠道的研究中指出，今日头条与电视新闻、网络新闻、微信新闻有着共同的功能——告知信息，在使用频率上，今日头条与上述三种新闻获取渠道之间是互补关系（即正相关），而非取代关系。吴文汐和喻国明（2016）在针对媒介格局的研究中发现，以日均接触时长为计量方式，移动互联网与电视之间出现了显著的替代关系，移动互联网的使用时长越长，那么电视的使用时长越短；该研究也发现了互补效应的存在，移动互联网与图书、PC 端之间是补充关系，移动互联网的使用时长能正向预测图书、PC 端的使用时长。

通过对前人研究的考察，我们发现无论是研究取代效应还是补充效应，研究者们都会从功能和时间两个层面进行对比，如表 6.1 所示。

表 6.1 功能相等物的假说

类型	功能层面	时间层面
功能取代假说	新媒介获得的满足感要高于旧媒介，或新媒介在某些相似需求上有优势	更多—更少：使用新媒介的时间越多，使用旧媒介的时间越少
功能补充假说	新媒介补充了旧媒介的现有功能	更多—更多：使用新媒介的时间越多，使用旧媒介的时间越多

功能取代假说认为，如果一种新的媒介能够以更好的或更有效的方式服务于现有媒介的相同功能或满足现有媒介的相同需求，它将会在一定程度上取代现有的媒介（Himmelweit et al.，1958；Kayany & Yelsma，2002）。功能补充假说则解释了新媒介如何补充现有媒介的功能，如学者们认为广播、电视、电脑以及互联网可以同时被利用来满足不同的用户需求（Lin，2011；Lin & Dutta，2017）。本研究认为，如果新媒介能更好地、更有效地满足共同的需求，则意味着新媒介成为旧媒介的功能取代品，而且新媒介取代旧媒介的可能性很高。

在传媒经济学中，花费在某种特定媒介产品上的时间支出是一个重要的议题，2.1.1节对"消费"的定义中曾提及消费的另一层含义为"消费者在时间上的消耗"。迪米克（2013：53）认为，我们参与的每一项活动都需要时间成本，他指出"时间是一种需要被分配或预算的资源"。时间取代假说表明，新旧媒介对媒体用户有限的时间和资源的竞争非常激烈（Lin，2011），每个人只有有限的时间花费在媒介使用上，迪米克（2013）提出了一个"零和"（zero-sum）的逻辑来解释时间取代假说，即如果人们使用一个新媒介产品的时间增加，相应地在旧媒介产品上的使用时间则减少，这种效应的核心为新旧媒介产品是一种"此消彼长"的关系。虽然很少有研究者直接关注时间补充的概念，但他们在检验渠道补充理论时都往往采用"频率"这一时间维度的使用强度来测量（Zhang et al.，2020；Jiang，2019）。本研究认为，时间补充理论强调个体在新媒介上消费的时间越多，在旧媒介上消费的时间则越多，二者具有正相关关系。综合前人的研究来看，时间取代理论和时间补充理论分别对应Lee和Leung（2008：152）所提到的"更多—更少"假说和"更多—更多"假说（见表6.1）。

除了上述观点外，还有研究者指出，时间取代和功能取代理论都认为在使用时间和强度上新媒介对传统媒介发生了取代作用（Ji & Lee，2020）。一些关于信息寻求行为的研究也发现了新媒介在媒介使用强度层面对传统

▶ 第 6 章
文化获得感：线上与线下文化消费共同的功能指向

媒介的补充效应和取代效应，比如健康信息寻求与健康信息交流（Zhang et al.，2020；Jiang，2019）。与之前研究的观点不同，本研究认为，功能层面与时间层面的取代理论与互补理论的侧重点不一样，因此，在验证方法上也存在差异。功能层面的取代理论与互补理论聚焦消费者的需求与满足，消费者可能认为不同的媒介产品是为相同或相似的"满足利基"（satisfaction niches）或"功能利基"（functional niches）服务的（迪米克，2013），也就是说，一组功能替代物在需求满足还是在获得满足层面的效果一致，亦即迪米克（2013）所提到的两种媒介产品功能的重叠。然而，如果新的媒介在服务特定需求方面存在优越性，消费者就可能放弃在功能上等同或相似的旧媒介产品，因此视它们是一组功能相等物或替换物，而且新媒介产品替代旧媒介产品的可能性较大。在此基础上，时间层面的取代理论与互补理论可以进一步检验一组功能相等物在消费时间和强度上的相关关系，如果它们的相关关系为正向，则补充效应显著，相反则为替代效应。

6.1.2　扩展取代与补充理论：文化消费的视角

Owen（2018：101）指出文化消费是一种特殊的休闲类型。鉴于研究者们对媒介产品的取代与补充研究都关注休闲活动，作为休闲活动的文化消费的研究亦可以延续这一理论框架。大多数前人的研究聚焦于新媒介产品和旧媒介产品，但是对线上文化消费活动与线下文化消费活动的讨论较少。Lee 和 Leung（2008：154）认为互联网提供了更多支持多样化休闲活动的线上休闲空间，这意味着休闲活动之间相互作用的体验以及时间和空间上的体验发生了变化，尤其应探究互联网休闲对参观图书馆或博物馆等非媒介相关的休闲活动的替代效应，即本研究所关注的依靠媒介的线上文化消费与非媒介相关的线下文化消费之间的关系问题。

研究者们认为线上文化消费与线下文化消费是一组功能等价物。有研究者认为，通过数字技术参与在线游戏、购物、教育等电子休闲活动是对线下休闲活动的一种补充（Genoe et al.，2018）。Dal Cin 等（2023）关注媒介的取代角色，他们认为媒介使用会取代日常活动，他们还指出，线上休闲活动和线下休闲活动是一组功能相等物。Gallistl 和 Nimrod（2020）认为，互联网在给用户提供社交和交流产品的同时，也提供了娱乐休闲、文化教育的线上文化消费平台，这些文化消费产品就是传统大众媒体的数字相等物，如在线广播、数字报纸、在线电影是传统大众媒体的网络相等物。此外，上述学者表明的另一种观点是：线上休闲和线下休闲是互相交织在一起的，因而应该同时加以探索。本研究认为这一研究路径具有可行性，以整合的研究视角考察线上和线下文化消费完全符合当下每个人的日常生活方式和休闲实践，能够清晰地描绘一个完整的文化消费清单，同时，有助于我们进一步了解线下文化消费与线上文化消费的补充关系或取代关系。

有研究者指出，21 世纪以来迅速发展的数字媒介产品消费已经取代了传统媒介产品消费（Twenge et al.，2019），如互联网、社交媒体、游戏等数字媒介产品取代了书籍、报纸和杂志、电影和电视等传统媒介产品。那么，当下线上和线下文化消费模式的主要子类型有哪些？它们的关系又如何？

研究者使用功能替代品来分析具有交流、提供信息和娱乐功能的媒介产品，Rosengren 和 Windahl（1972）研究了媒介活动作为使人产生"满足感"的活动的功能性替代品的作用，他们认为媒介使用具有一种替代性活动的属性。Rubin（1983：48）认为，当渠道无法使用，或者互动不能有效地满足人们需求，那么人们就会选择一个功能替代品。互联网出现后，学者们开始研究以互联网为主的新媒体对电视、广播、报纸等旧媒体的功能取代关系。Papacharissi 和 Rubin（2000）探究了互联网使用作为面对面交流和互动的功能性替代品，尤其是针对那些对面对面交流感到焦虑的人。Ferguson 和 Perse（2000）在针对互联网和电视的一项研究指出，当人们根据自己的需要选择媒体时，他们会在能够实现类似目标的功能替代品中做出选择，在满足转移注意力、娱乐、消磨时间等层面的需求上，上网是观看电视的功能替代品，但不是放松和陪伴的替代品。Li（2014）指出在数字时代，数字媒体的出现使得取代效应变得更加明显，其中，新闻网站是报纸和电视等传统媒体的功能替代品，因为它们都具有提供新闻信息的功能。

从文化消费品的功能来看，线上和线下文化产品和服务有相似的功能或使用动机，因此，我们认为既往关于传统媒介与新媒介的取代和补充理论对本研究仍具参考价值。线上和线下的文化产品和服务可以被认为是一组功能相等物，更确切地说，本研究将线上和线下文化消费视为提升文化获得感的相等物，二者可以满足消费者相同的需求。因此，本研究继续使用以获得满足为理论依据的文化获得感框架来评估线上文化消费是不是线下文化消费的功能相等物或功能替换物。也就是说，我们很想知道，公众是否能从线上文化消费活动和线下文化消费活动中获得相同的文化获得感，以及从功能取代的视角出发，线上文化消费对文化获得感的预测作用是否大于线下文化消费对文化获得感的预测作用。Genoe等（2018）在一项针对老年人参与电子休闲活动的探索性研究中指出，只要参与线上休闲活动获得的回报超过参与活动所需的努力，老年人就会发现用线上休闲相等物能够取代线下休闲活动。但是，满足相同需求的活动最有可能被取代，从获得满足的角度来讲，获得相同回报和满足相同需求的活动最有可能被取代。由此推断，文化获得感是一种从文化产品和服务中获得的回报和满足感，因此，如果线上文化消费与线下文化消费能够共同预测文化获得感，那么它们是一组以文化获得感为满足目标的功能相等物。因此，我们提出如下研究问题：线上文化消费与线下文化消费是否都能够预测文化获得感？如果可以，那么以文化获得感为获得满足的功能性指标，线上文化消费与线下文化消费的功能替代假说可以成立。

从文化消费研究的视角来看，有些研究者检验了在线上赛博空间与线下实体空间中不同文化产品与服务类型之间的关系，如社交媒体与公共图书馆、纸质图书与电子阅读产品、流媒体音乐与现场音乐会之间的关系

（Sin & Kwon，2017；Putro & Lee，2017；Nguyen et al.，2014；Christensen，2021），绝大部分学者认为，线上文化消费活动可以补充线下文化消费活动。例如，Sin 和 Kwon（2017）依据美国、韩国、新加坡等三个国家的调查数据检验了取代与补充假说，他们发现社交媒体的使用与 9 种图书馆服务的使用都有明显的补充关系。两项关于音乐消费的研究都探究了线上音乐消费对线下实体音乐消费的补充作用，Nguyen 等（2014）探究了消费者通过 Spotify 或 YouTube 等流媒体服务的音乐消费是否替代或补充 CD 销售和现场音乐等音乐消费模式，结果显示，免费音乐流媒体对 CD 销售没有显著影响，但对现场音乐会的出席率有积极影响。Christensen（2021）的研究也得出了相似的观点，即流媒体的传播与扩散刺激了对现场音乐会的需求。然而，也有学者提出线上文化消费取代线下文化消费的观点，尤其是在新冠疫情期间，由于实体空间的限制，线下文化业态难以向消费者供给文化产品与服务，线下文化消费转移到线上，创新出云旅游、云观展、云演唱会等线下文化消费形态的可替代的消费模式，直播、短视频、网络游戏等数字文化消费需求被激发，以媒介为基础的线上休闲活动占据了人们的大部分时间（范周、林一民，2020；Radermecker，2021；Meier et al.，2021；Morse et al.，2021）。随着线下文化消费业态的恢复，线上文化消费和线下消费再次回到了共存与竞争的赛道。因此，本研究提出另一研究问题：在使用强度层面，线上文化消费与线下文化消费的关系到底体现了时间互补效应还是时间替代效应？鉴于上述讨论，我们假设线上文化消费与线下文化消费之间的关系体现了时间补充效应，线上文化消费频率与线下文化消费频率二者具有正相关的关系。如果线上文化消费与线下文化消费的时间互补效应较为显著，那么线上文化消费频率与线下文化消费频率呈正相关的关系；相反，如果二者呈负相关的关系，则时间替代效应显著。

6.2　数据来源与测量

6.2.1　被试

本子研究使用的样本与 5.2 小节使用的样本一致。研究者在 2022 年 1 月 14 日至 2 月 9 日通过问卷星样本服务发放有偿问卷，在填答问卷之前，研究者征求了被试者的知情同意。研究者删除随便填答的无效样本后，最终收到的有效样本数为 1073 份。在 1073 份有效样本中，被试者的平均年龄为 33 岁（$M=32.8$，$SD=8.5$，$Mdn=32.00$），其中有 538 人为女性（50.1%）、535 人为男性（49.9%），大学本科及以上学历的被试者占比 82.7%。

6.2.2　变量选择与测量

本子研究涉及相关变量的测量方式如下：

1. 公众文化获得感。本研究使用研究者自行编制的文化获得感量表，并采用李克特 7 点量表进行计分（1=非常不同意，7=非常同意），数值越小表示文化获得感越弱，数值越大表示文化获得感越强。该量表包括 5 个维度：（1）获得文化内容，由 3 个题项构成（Cronbach's Alpha=0.768），（2）获得文化品质，由 4 个题项构成（Cronbach's Alpha=0.797）；（3）获得文化体验通过 5 个题项进行测量（Cronbach's Alpha=0.763）；（4）获得文化共享，测量题项为 3 个（Cronbach's Alpha=0.776）；（5）获得文化环境，测量题项为 6 个（Cronbach's Alpha=0.780），总量表的 Cronbach's Alpha 值为 0.906。

2. 文化消费。文化消费主要通过文化消费频率测量，研究者以 12 个月为单位把个体的文化消费行为进行量化。结合国内外学者的研究与我国文化和旅游部数据中心列举的文化消费清单，本研究整理了 24 项线上和线下文化消费活动。

（1）线下文化消费主要包括"在礼堂、剧院、音乐厅等场馆观看音乐会、戏剧、歌剧等演出""现场看演唱会、脱口秀""现场看相声、戏曲、快板等传统艺术表演""去剧本杀、密室、桌游等线下体验馆""去电影院看电影""去KTV唱歌""逛文化场馆（如地方图书馆、博物馆、艺术馆、美术馆、科技馆）""去旅游景点""去当地的公园、文化街区、文化广场等公共文化场所""看纸质书""看纸质报纸或期刊""用电视机看电视"等12个题项，采用李克特7点量表进行计分（1＝从不，7＝几乎每天），*Cronbach's Alpha*值为0.843。

（2）线上文化消费主要包括"浏览短视频""从网上获取新闻资讯""听音乐""看网络直播""看电视剧和综艺""看电影""文化场馆云体验（通过博物馆、艺术馆、美术馆的官网和社交媒体在线观看展览）""线上演出（通过剧院的官网和社交媒体账号看歌剧、舞剧、音乐会、演唱会等）""线上K歌""看动漫""玩网游""看网络文学、电子书"等12个题项，采用李克特7点量表进行计分（1＝从不，7＝几乎每天），*Cronbach's Alpha*值为0.777。

3.控制变量：包括性别、年龄和受教育程度三个人口学变量。性别变量通过询问被试者"您的性别为…"来测量，选项包括："男性"或"女性"。年龄则为被试者的具体年龄（周岁）。受教育程度则通过询问"您的受教育程度为…"进行测量，选项包括：初中及以下，高中、中专及技校，大学专科，大学本科，研究生及以上。

6.3 研究结果

6.3.1 功能层面的取代或补充效应检验

相关变量的描述性与相关性数据见表6.2，文化消费与文化获得感的相关变量在不同程度上相关性显著，而且相关系数是正向的。

表 6.2 相关变量的描述性与相关性数据

变量	M	SD	线下文化消费	线上文化消费	文化获得感	获得文化内容	获得文化品质	获得文化共享	获得文化体验	获得文化环境
线下文化消费	3.59	0.819	1							
线上文化消费	4.93	0.818	0.578***	1						
文化获得感	5.44	0.680	0.380***	0.456**	1					
获得文化内容	5.45	0.976	0.262***	0.346**	0.753***	1				
获得文化品质	5.26	0.858	0.343***	0.343**	0.763***	0.527***	1			
获得文化共享	5.30	1.034	0.359***	0.392**	0.746***	0.511***	0.456***	1		
获得文化体验	5.80	0.745	0.192***	0.347**	0.799***	0.541***	0.499***	0.540***	1	
获得文化环境	5.32	0.843	0.326***	0.365***	0.823***	0.475***	0.521***	0.489***	0.534***	1

表 6.3　回归分析

变量		文化获得感 β（SE）
Block 1	性别	-0.088^{**}（0.042）
	年龄	0.024（0.002）
	受教育程度	0.14^{***}（0.012）
	R^2	0.027
	F	10.001^{***}
Block 2	线上文化消费频率	0.365^{***}（0.028）
	线下文化消费频率	0.153^{***}（0.028）
	R^2	0.244
	F	68.723^{***}

　　本子研究通过回归分析考察了线上与线下文化消费频率与文化获得感之间的关系，表 6.3 的数据表明，线上文化消费与线下文化消费均对文化获得感具有正向的预测作用（$\beta=0.365$，$p<0.001$；$\beta=0.153$，$p<0.001$），研究结果表明线上与线下文化消费能够共同作用于文化获得感，二者属于功能相等物，能够满足公众在文化获得感层面的需求。但是，依据功能取代效应的检验标准，本研究对两个标准化回归系数进行数值比较后发现，线上文化消费对文化获得感的预测作用较强，且大于线下文化消费对文化获得感的预测作用（0.365>0.153），因此，本研究初步断定线上文化消费模式与线下文化消费模式互为提升文化获得感的功能替代品，特别是在这一功能上线上文化消费取代线下文化消费的可能性更强。

　　同时，我们分别检验了两种文化消费形式对文化获得感的五个维度的预测作用，研究结果如表 6.4 和表 6.5 所示，线上文化消费与线下文化消费均对五个维度具有正向预测作用。具体而言，线下文化消费与获得文化内容、获得文化品质、获得文化体验、获得文化共享、获得文化环境的关系均呈显著正相关（$\beta=0.252$，$p<0.001$；$\beta=0.339$，$p<0.001$；$\beta=0.172$，

$p<0.001$；$\beta=0.346$，$p<0.001$；$\beta=0.326$，$p<0.001$）；线上文化消费分别与获得文化内容、获得文化品质、获得文化体验、获得文化共享、获得文化环境具有显著的正相关关系（$\beta=0.359$，$p<0.001$；$\beta=0.347$，$p<0.001$；$\beta=0.322$，$p<0.001$；$\beta=0.377$，$p<0.001$；$\beta=0.375$，$p<0.001$）。换言之，线上文化消费和线下文化消费的频率越高，公众在文化内容、文化品质、文化共享、文化体验、文化环境等五个方面的满足感越高。因此，以上数据结果再次说明二者的功能具有相似性，以文化获得感及其五个维度为共同指向的功能，线上文化消费与线下文化消费是一对功能相等物或功能替代物，且线上文化消费对线下文化消费的功能取代效应显著。

表6.4　线下文化消费预测文化获得感的回归分析

变量		获得文化内容 β（SE）	获得文化品质 β（SE）	获得文化共享 β（SE）	获得文化体验 β（SE）	获得文化环境 β（SE）
Block 1	性别	−0.083** （0.06）	−0.074* （0.053）	−0.086** （0.063）	−0.081** （0.045）	−0.037 （0.052）
	年龄	0.092** （0.004）	0.067* （0.003）	−0.077* （0.004）	−0.041 （0.003）	0.047 （0.003）
	受教育程度	0.121*** （0.018）	0.095** （0.016）	0.133* （0.019）	0.159*** （0.014）	0.061* （0.016）
	R^2	0.023	0.016	0.037	0.037	0.006
	F	9.329***	5.91***	13.655***	13.806***	2.201*
Block 2	线下文化消费频率	0.252*** （0.035）	0.339*** （0.003）	0.346*** （0.036）	0.172*** （0.027）	0.326*** （0.03）
	R^2	0.088	0.129	0.154	0.066	0.11
	F	25.653***	39.375***	48.573***	18.887***	32.92***

表6.5　线上文化消费预测文化获得感的回归分析

变量		获得文化内容 β（SE）	获得文化品质 β（SE）	获得文化共享 β（SE）	获得文化体验 β（SE）	获得文化环境 β（SE）
Block 1	性别	-0.083** （0.06）	-0.074* （0.053）	-0.086** （0.063）	-0.081** （0.045）	-0.037 （0.052）
	年龄	0.092** （0.004）	0.067* （0.003）	-0.077* （0.004）	-0.041 （0.003）	0.047 （0.003）
	受教育程度	0.121*** （0.018）	0.095** （0.016）	0.133* （0.019）	0.159*** （0.014）	0.061* （0.016）
	R^2	0.023	0.016	0.037	0.037	0.006
	F	9.329***	5.91***	13.655***	13.806***	2.201*
Block 2	线上文化消费频率	0.359*** （0.034）	0.347*** （0.03）	0.377*** （0.036）	0.322*** （0.026）	0.375*** （0.03）
	R^2	0.150	0.133	0.175	0.138	0.143
	F	47.254***	40.895***	56.554***	42.65***	44.466***

6.3.2　时间层面的取代或补充效应检验

那么，作为功能相等物的线上文化消费与线下文化消费，二者在时间层面的关系如何呢？以时间取代理论为研究路径，二者究竟是补充关系还是取代关系？接下来，本研究将检验具体的线上文化消费类型与线下文化消费类型的关系，依据前人研究对渠道补充效应和取代效应的检验方式（Lin & Dutta，2017；Zhang et al.，2020），学者们通过回归分析来检验不同媒介之间的预测作用，如果实证数据显示为显著的正向预测作用，那么说明媒介之间具有补充效应，相反，如果媒介之间负向预测作用显著，说明媒介之间的取代效应被证实，Lee和Leung（2008）将上述两种情况总结为：补充效应为"更多—更多"的关系，取代效应则表现为"更多—更少"的关系。总之，本研究将使用回归分析探究线上文化消费与线下文化消费之间的关系。

首先，我们使用主成分因子分析对线上和线下文化消费进行分析，构建一个简化版的文化消费清单。最终，2个线下文化消费因子、3个线上文化消费因子被保留，特征值均大于1。线上文化消费因子分析的*Kaiser-Meyer-Olkin*（*KMO*）值为0.782，巴特利特球形检验（Bartlett's test）的显著性小于0.001。线下文化消费因子分析的*KMO*值为0.881，巴特利特球形检验的显著性小于0.001，这表明在我们的样本中使用因子分析是适当的。线上和线下文化消费所有保留成分的解释总方差分别为55.474%、52.692%，表6.6和表6.7显示了主成分因子分析的相关数据。

表6.6　线下文化消费的主成分因子分析

题项	在地文化消费	在场文化消费
在礼堂、剧院、音乐厅等场馆观看音乐会、戏剧、歌剧等演出	0.786	
现场看演唱会、脱口秀	0.784	
现场看相声、戏曲、快板等传统艺术表演	0.768	
去剧本杀、密室、桌游等线下体验馆	0.710	
去电影院看电影	0.694	
去KTV唱歌	0.682	
逛文化场馆（如地方图书馆、博物馆、艺术馆、美术馆、科技馆）	0.675	
去旅游景点	0.648	
去当地的公园、文化街区、文化广场等公共文化场所	0.493	
看纸质书		0.809
看纸质报纸或期刊		0.783
用电视机看电视		0.621
特征值	4.489	1.834
方差贡献率/%	37.408	15.283
累积方差贡献率/%	37.408	52.692
KMO		0.881
巴特利特球形检验的显著性		0.000

在此基础上，下文将依次阐述线上与线下文化消费清单中的5个因子，前2个因子为线下文化消费的主要类型，后3个因子为线上文化消费清单的主要类型。

表6.7　线上文化消费的主成分因子分析

题项	视听消费	云在场文化消费	IP消费
浏览短视频	0.783		
从网上获取新闻资讯	0.705		
听音乐	0.675		
看网络直播	0.578		
在网上看电视剧和综艺	0.538		
在网上看电影	0.429		
文化场馆云体验（通过博物馆、艺术馆、美术馆的官网和社交媒体在线观看展览）		0.866	
线上演出（通过剧院的官网和社交媒体账号看歌剧、舞剧、音乐会、演唱会等）		0.816	
线上K歌（如全民K歌、唱吧等）		0.775	
看动漫			0.813
玩网游			0.807
看网络文学、电子书			0.517
特征值	2.495	2.282	1.880
方差贡献率/%	20.791	19.020	15.663
累积方差贡献率/%	20.791	39.811	55.474
KMO			0.782
Bartlett球形检验的显著性			0.000

第一个因子有37.408%的方差贡献率，它包括"在礼堂、剧院、音乐厅等场馆观看音乐会、戏剧、歌剧等演出""现场看演唱会、脱口秀""现场看相声、戏曲、快板等传统艺术表演""去剧本杀、密室、桌游等线下体验馆""去电影院看电影""去KTV唱歌""逛文化场馆（如地方图书馆、博物馆、艺术馆、美术馆、科技馆）""去旅游景点""去当地的公园、文化街区、文化广场等公共文化场所"等9种活动。这些活动都是线下文化消费活动，它们的共同点体现在对实体空间或地点有着较强的依赖性，这一要

素明确将文化消费与实体空间或具体地点结合起来，因此，本研究结合张铮（2020）的分类，将其命名为"在地文化消费"，即发生在实体场景或固定地点的文化消费行为。

第二个因子具有 15.283% 的方差贡献率，它包括"看纸质书""看纸质报纸或期刊""用电视机看电视"等3种活动。本研究再次借鉴张铮（2020）的分类，将其命名为"在场文化消费"，即不受固定时间和空间限制的线下文化消费行为。

第三个因子包括与手机、平板电脑等屏幕使用相关的文化消费题项，具体有："浏览短视频""从网上获取新闻资讯""听音乐""看网络直播""看电视剧和综艺""看电影"等6种视听类文化消费形式，其方差贡献率为 20.791%，该因子捕捉到互联网提供视听内容的工具性（Evens et al.,2021），所以我们将该因子命名为"视听消费"。

第四个因子包含3种与线下文化消费相关的线上文化消费形式，或为线下文化消费的数字化和媒介化产品，如"文化场馆云体验（通过博物馆、艺术馆、美术馆的官网和社交媒体在线观看展览）""线上演出（通过剧院的官网和社交媒体账号看歌剧、舞剧、音乐会、演唱会等）""线上 K 歌（如全民 K 歌、唱吧等）"，这3类文化消费形式依托数字技术，将产业链延伸到"云端"（郝挺雷、李有文，2021），又被称为云观展、云演出、云 K 歌，因此我们将这一因子命名为"云在场文化消费"，其方差贡献率为 19.020%。云在场的文化服务是传统实体文化产业数字化转型的产物，尤其在新冠疫情暴发后，云逛展、云演出等新业态已经成为传统文化产业主动拥抱数字技术的典型案例。

第五个因子包括"看动漫""玩网游""看网络文学、电子书"等3个相关题项，其方差贡献率为 15.663%。近年来，网络文学、网络游戏以及动漫这三类数字内容形态是我国文化消费的"新增长点"（毛文思，2020），它们往往是IP衍生品及其产业链的起点，也是"故事世界扩张的源头"（陆朦朦，2021：44），由于这三类线上文化消费行为都特别强调IP的重要性，因此，我们将其命名为"IP消费"。

有关文化消费具体类别的描述性统计如表6.8所示，数据结果表明，被试者在线视听消费的频率要远高于其他类别的文化消费（$M=5.85$，$SD=0.791$）。从具体的在线视听消费的频率来看，位于前四的为：浏览短视频（$M=6.42$，$SD=1.145$）、听音乐（$M=6.12$，$SD=1.23$）、看电视剧和综艺（$M=5.61$，$SD=1.257$）、看网络直播（$M=5.48$，$SD=1.476$）。IP消费次于在线视听消费（$M=4.88$，$SD=1.397$），其中被试者看网络文学、电子书的频率最高（$M=5.41$，$SD=1.641$）。再者，在场文化消费的平均值为4.71（$SD=1.231$），其中用电视机看电视的均值较高（$M=5.45$，$SD=1.63$）。

表6.8 文化消费活动的描述性统计

文化消费类别	Min	Max	M	SD
用电视机看电视	1	7	5.45	1.630
看纸质书	1	7	4.77	1.546
看纸质报纸或期刊	1	7	3.91	1.700
去电影院看电影	1	7	3.94	1.167
去KTV唱歌	1	7	3.18	1.227
逛文化场馆（如地方图书馆、博物馆、艺术馆、美术馆、科技馆）	1	7	3.57	1.214
在礼堂、剧院、音乐厅等场馆观看音乐会、戏剧、歌剧等演出	1	7	2.74	1.264
现场看演唱会、脱口秀	1	7	2.37	1.249
现场看相声、戏曲、快板等传统艺术表演	1	7	2.31	1.278
去剧本杀、密室、桌游等线下体验馆	1	7	2.83	1.423
去旅游景点	1	7	3.43	1.086
去当地的公园、文化街区、文化广场等公共文化场所	1	7	4.64	1.280
看网络文学、电子书	1	7	5.41	1.641
从网上获取新闻资讯	1	7	6.50	0.996

续表

文化消费类别	Min	Max	*M*	*SD*
看电影	1	7	4.96	1.204
看电视剧和综艺	1	7	5.61	1.257
玩网游	1	7	4.96	1.995
看动漫	1	7	4.26	1.860
浏览短视频	1	7	6.42	1.145
看网络直播	1	7	5.48	1.476
听音乐	1	7	6.12	1.230
线上K歌（如全民K歌、唱吧等）	1	7	3.37	1.740
文化场馆云体验（通过博物馆、艺术馆、美术馆的官网和社交媒体在线观看展览）	1	7	3.33	1.569
线上演出（通过剧院的官网和社交媒体账号看歌剧、舞剧、音乐会、演唱会等）	1	7	3.32	1.513
在地文化消费	1	6.56	3.22	0.878
在场文化消费	1	7	4.71	1.231
云在场文化消费	1	7	3.34	1.354
在线视听消费	1	7	5.85	0.791
IP消费	1	7	4.88	1.397

相较而言，在地文化消费活动与云在场文化消费的均值较低（分别为 $M=3.22$，$SD=0.878$；$M=3.34$，$SD=1.354$），但云在场文化消费的均值要稍微高于在地的文化消费活动，被试者参与频率较低的四项文化消费活动为：去剧本杀、密室、桌游等线下体验馆（$M=2.83$，$SD=1.432$），在礼堂、剧院、音乐厅等场馆观看音乐会、戏剧、歌剧等演出（$M=2.74$，$SD=1.264$），现场看演唱会、脱口秀（$M=2.37$，$SD=1.249$），现场看相声、戏曲、快板等传统艺术表演（$M=2.31$，$SD=1.278$）。

研究结果进一步表明，公众通过手机、平板电脑等移动设备进行线上文化消费的频率，尤其是在线视听内容的消费频率，要高于线下文化消费活动。就线下文化消费活动而言，在地的文化消费活动需要个体亲身在场，因而会受到固定时间和空间的限制，导致公众的参与度不高；但是用电视机看电视这类在场文化消费参与频率相对较高。

表 6.9 显示了线上、线下文化消费模式，以及五种文化消费清单之间的相关系数。研究结果显示它们在不同程度上具有显著的正相关关系。

表 6.9　五种文化消费清单的相关性系数

消费清单	线下文化消费（整体）	线上文化消费（整体）	在地文化消费	在场文化消费	云在场消费	在线试听消费	IP 消费
线下文化消费（整体）	1						
线上文化消费（整体）	0.578***	1					
在地文化消费	0.936***	0.515***	1				
在场文化消费	0.657***	0.436***	0.349***	1			
云在场消费	0.681***	0.678***	0.678***	0.359***	1		
在线视听消费	0.264***	0.761***	0.175***	0.327***	0.210***	1	
IP 消费	0.376***	0.789***	0.333***	0.287***	0.357***	0.419***	1

为了检验线上文化消费与线下文化消费在时间层面的补充和取代效应，本研究使用层次回归分析检验线上和线下文化消费的关系。研究结果如表 6.10 所示，整体的线下文化消费与线下文化消费呈正相关（$\beta=0.597$，$p<0.001$；$\beta=0.592$，$p<0.001$），这意味着线下文化消费与线上文化消费之间的补充关系显著，证明了以"更多—更多"为关系指向的补充效应。

我们进一步对线上与线下文化消费具体类型之间的补充关系进行检验，得出如下结果。首先，在地文化消费与在场文化消费、云在场文化消费、IP 消费之间存在显著的正相关（$\beta=0.184$，$p<0.001$；$\beta=0.597$，$p<0.001$；$\beta=0.106$，$p<0.01$），标准化回归系数表现出最强的补充使用为云在场文化消费（0.597>0.184>0.106），但在地文化消费与在线视听消费没有显著的相关关系（$\beta=-0.063$，$p>0.05$）。其次，在场文化消费能够显著正向预测在地文化消费、云在场文化消费、在线视听消费、IP 消费（$\beta=0.128$，

$p<0.001$；$\beta=0.104$，$p<0.001$；$\beta=0.245$，$p<0.001$；$\beta=0.104$，$p<0.001$），在场文化消费与在线视听文化消费的补充效应最强（0.245＞0.128＞0.104）。

表6.10　线上线下文化消费补充或取代关系检验的回归分析

项目		线下文化消费（整体）β（SE）	线上文化消费（整体）β（SE）	在地文化消费 β（SE）	在场文化消费 β（SE）	云在场文化消费 β（SE）	在线视听消费 β（SE）	IP消费 β（SE）
Block 1: 控制变量	性别	0.014（0.05）	0.012（0.05）	0.008（0.054）	0.021（0.075）	−0.059（0.083）	−0.01（0.048）	0.101**（0.085）
	年龄	−0.007（0.003）	−0.112***（0.003）	−0.083*（0.003）	0.158***（0.004）	−0.021（0.005）	−0.099**（0.003）	−0.198***（0.005）
	教育年限	0.148***（0.015）	0.121***（0.015）	0.131***（0.016）	0.113***（0.023）	0.101**（0.025）	0.126***（0.015）	0.033（0.025）
	R^2	0.022	0.030	0.026	0.034	0.016	0.030	0.045
	F	8.046***	11.153***	9.697***	12.658***	5.666**	10.887***	16.983***
Block 2: 文化消费类型	线下文化消费（整体）	0.597***（0.025）						
	线上文化消费（整体）		0.592***（0.025）					
	在地文化消费			—	0.184***（0.051）	0.597***（0.037）	−0.063（0.034）	0.106**（0.057）
	在场文化消费			0.128***（0.018）	—	0.104***（0.028）	0.245***（0.019）	0.104***（0.034）
	云在场文化消费			0.607***（0.016）	0.152***（0.033）	—	0.025（0.022）	0.187***（0.037）
	在线视听消费			−0.043（0.028）	0.238***（0.046）	0.017（0.043）	—	0.318***（0.049）
	IP消费			0.077**（0.016）	0.109***（0.028）	0.135***（0.025）	0.345***（0.022）	—
	R^2	0.367	0.373	0.49	0.265	0.498	0.242	0.302
	F	155.003***	158.601***	145.999***	54.801***	150.836***	48.689***	65.737***

注：表中的数据为加入控制变量后的标准化回归系数与标准误，样本量＝1073。

再次，选择云在场文化消费类型的人更倾向于在地文化消费、在场文化消费、IP消费（β=0.607，p<0.001；β=0.152，p<0.001；β=0.187，p<0.001），在地文化消费对云在场文化消费补充作用的系数最高（0.607>0.187>0.152），而选择云在场文化消费与在线视听消费的关系系数不显著（β=0.025，p>0.05）。在线视听消费与在场文化消费、IP消费呈显著正相关关系（β=0.238，p<0.001；β=0.318，p<0.001），而在线视听消费与在地文化消费、云在场文化消费的回归系数不显著（β=−0.043，p>0.05；β=0.017，p>0.05）。最后，倾向于IP消费的人会更偏好在地文化消费、在场文化消费、云在场文化消费、在线视听消费（β=0.077，p<0.01；β=0.109，p<0.001；β=0.135，p<0.001；β=0.345，p<0.001）。综上所述，除了四组变量的回归系数不显著外，线上文化消费和线下文化消费在总体上呈现补充的关系。

此外，从人口学变量对线上、线下文化消费的预测数据来看，在预测文化消费的人口学变量时，性别、年龄、受教育程度对不同文化消费类型的预测作用存在细微的差异。具体而言，年龄与线上文化消费呈负相关（β=−0.112，p<0.001），被试群体越年轻则越偏好线上文化消费；从文化消费清单来看，年龄与在地文化消费、在线视听消费、IP消费的关系呈负相关（β=−0.083，p<0.05；β=−0.099，p>0.01；β=−0.198，p<0.001），年龄与在场文化消费呈正相关关系（β=0.158，p<0.001），说明年龄越小越喜欢参与在地文化消费、在线视听文化消费和IP消费，年龄越大越偏好看电视等在场文化消费活动。从性别与文化消费的关系上看，相较于男性的被试者，女性被试者更喜好IP消费（β=0.101，p<0.01）。

6.4 本章小结

　　本章呈现了公众的线上文化消费活动与线下文化消费活动的描述性数据，这为我们更好地了解"数实共生"背景下公众的文化消费类型提供了一个较为全面的消费清单，亦能够从侧面反映公众丰富多样的精神文化生活。同时，本章从理论层面将功能相等物和文化获得感结合起来，将线上、线下文化消费与取代理论和补充理论结合起来，在很大程度上丰富了关于消费者文化消费选择的研究，为线上文化消费模式与线下文化消费模式的共生关系提供了一个新的研究视角。

　　首先，在预测文化获得感的检验中，线上文化消费和线下文化消费均能正向预测文化获得感及其5个维度，说明线上文化消费与线下文化消费具有相同的功能指向，即提升文化获得感，满足公众对文化产品及服务的易得性、高品质、体验性、社交性、文化氛围等的需求；同时，线上文化消费对文化获得感的预测作用较强，说明线上文化消费对线下文化消费在"文化获得感"上具有功能替代作用，且在文化获得感这一重叠的功能上具有优越性，从而验证了线上文化消费活动对线下文化消费活动的功能替代性。其次，为了更清晰地探究不同的文化消费类型之间的时间补充与取代理论，本研究依据消费者对不同文化消费清单的使用频率，对线上文化消费与线下文化消费活动进行了探索性因子分析，最终归纳出五种类型的文化消费清单：两种线下文化消费形式，包括在地文化消费与在场文化消费；三种线上文化消费形式，包括云在场文化消费、IP消费与在线视听消费。文化消费清单的分类方式与既往研究的分类具有相似性，且符合当下我国线上与线下并行、共生的文化业态。最后，研究结果显示，线上文化消费频率能够正向预测线下文化消费频率，线下文化消费频率也能正向预测线上文化消费频率，这表明线上文化消费与线下文化消费在整体上是具有补充关系的。从多类别文化消费模式的回归分析结果可以看出，除了在线视听消费与云在场消费、在地文化消费之间的关系系数不显著之外，其他种类的文化消费模式之间具有正相关的关系，这意味着它们之间的时间补充效应被验证。值得注意的是，新冠疫情下衍生出的云观展、云演出等云在场文化消费活动与现场参加演出、参观博物馆等在地文化消费具有显著的补充关系。

第 7 章

文化消费到幸福感的路径研究：
文化获得感的中介作用

CHAPTER 7

文化数字化战略下
公众文化获得感研究

第6章主要使用问卷调查法检验了以文化获得感为获得满足的功能性目标时，线上文化消费与线下文化消费作为功能相等物或功能替换物之间的补充或取代效应，研究结果进一步证实了线上文化消费频率、线下文化消费频率与文化获得感之间的正相关关系。尽管线上文化消费、线下文化消费在功能层面具有重叠性和相似性，能够共同作用于文化获得感，但是从实际使用时间上发现，线上文化消费与线下文化消费具有互相补充的关系。循此研究路径，文化消费如何通过文化获得感影响幸福感？这是本章关注的重点问题。本章将通过3个子研究问题来回应该研究问题。这3个子研究问题为：线上与线下文化消费与幸福感的直接关系如何？文化获得感是否在线上、线下文化消费与幸福感之间发挥了中介作用？在X、Y、Z世代中这三个变量的关系是否存在显著差异？

　　既有研究关注文化休闲活动与获得满足、获得感、幸福感的关系（Herzog，1940；Barton，2009；Li，2019；Kuykendall et al.，2020；林立菁等，2018），发现文化休闲活动能够提升人们的需求满足、获得感与幸福感，但是探究文化获得感的中介作用的研究较少。总的来说，本章的目的是考察文化消费、文化获得感与幸福感之间的关系，并进一步探究文化获得感在文化消费与幸福感之间的中介作用。

7.1　理论基础与研究问题

7.1.1　文化消费与幸福感的关系

幸福感是衡量个体生活质量的指标之一，文化消费能够提升个体的生活品质。许多学者沿着这一思路对文化消费与幸福感之间的关系展开探索，既有研究的普遍结论是：文化消费是个体幸福感和生活满意度提升的重要来源（Siu et al.，2013；Bertacchini et al.，2021；李光明、徐冬柠，2019），为了更好地理解两者的关系，有必要从文化消费自身的三种属性来展开分析。

第一，文化消费具有体验性的产品属性或服务属性。有学者认为文化产品和服务既是信息产品也是体验性产品（Hutter，2008），因此，从本质上看，文化消费是一种体验性消费，Van Boven和Gilovich（2003）认为体验性购买指的是获得生活体验或经历的购买行为，如看电影、去博物馆看展、看演唱会等，它们都属于文化消费的主要范畴。回顾既有研究，许多社会学家和心理学家都在研究"金钱能够买来幸福吗"或是"怎么花钱才能更幸福"这样的问题，他们从实证研究的视角，采用问卷调查法、情境实验法、回忆法等来比较物质性消费与体验性消费对幸福感的影响效应，研究结果显示，购买不同类型的产品或不同类型的消费得到的心理收益存在差异，体验性消费带来的幸福感水平要远高于从物质性消费中获得的幸福感水平（Gilovich et al.，2015；Gilovich & Gallo，2020；Yu et al.，2015；余樱等，2019）。换言之，个体能够从文化消费体验中获得更高水平的幸福感和快乐。

第二，可以从需求理论的视角来审视文化消费与幸福感的关系。从学者们对文化消费的定义可知，文化消费能够满足人们的精神文化需求，是一项满足人们精神文化需求的活动。需求理论的奠基人马斯洛（2021）认为，人是一种不断寻求需求的动物，不同层次的需求贯穿于人的一生，衣食住行等物质需求属于较低层次的需求，精神文化需求则是较高层次的需求。马斯洛进一步指出，在低层次的需求得到满足的前提下，人们才会追求更高层次的需求。那么，需求满足和个体的心理健康有什么关系？按照马斯洛的需求层次理论，文化消费可以满足需求层次理论中所提及的社交需求、归属需求、审美需求等更高层次的需求，徐西良（2012：22）在分析马斯洛需求层次理论与主观幸福感的直接关系时指出，"人们的需要越是能够在各个层次上得到满足，其主观幸福感也应该更强"。马斯洛（2021：100，108）指出，个体的需求得到满足后，会激发"幸福感、快乐、满足、兴奋和陶醉"等积极情绪的产生，而且会让个体"追求更高层次的价值观和'精神生活'"。李世晖（2018：17）在对文化经济与内容产业的研究中指出，"文化经济的消费行为已成为满足人类需求，并使人产生满足、快乐、挫折或失望等情绪体验的过程"。一言以蔽之，与文化消费相关的种种需求获得满足，能够提升个体的幸福感，既有研究也证实了这一观点（Kuykendall et al.，2020；Siu et al.，2013）。

第三，文化产品与服务具有享乐价值，文化消费被认为是一种享受型消费或享乐的消费体验（Nelson & Meyvis，2008；Radermecker，2020），如看电视、听音乐等，消费者为了享乐消费的目的，从消费体验中获得快乐、愉快等（Alba & Williams，2013；Güler，2014；Liao，2021），因此，文化产品与服务本身就是一种以实现快乐为目标的手段，这也能体现 Radermecker（2020）所说的"幸福感被视为文化消费的核心效益"。

综上，本研究赞同既有研究的结论，即文化消费会提升个体的幸福感。然而，如何更准确地测量文化消费呢？我们从前人的研究中发现，频率是测量文化消费的主要维度，但是极少有研究探索文化消费杂食或数量上的多样性。文化消费频率和多样性分别指向不同的内涵，文化消费频率反映的是个体"对文化产品的接触和使用程度"（罗茜，2018），文化消费多样性指的是文化产品或者文化活动的数量之和（Warde & Gayo-Cal，2009），Katz-Gerro等（2007）将其称为参与的广度。从国内研究来看，大多数研究都在关注文化消费频率与幸福感的关系，如李光明和徐冬柠（2018）利用CGSS 2015的数据，探究了新市民文化消费频率与幸福感的关系，研究发现，文化消费频率能够直接提升新市民的幸福感水平；李小文和李冬雪（2016）使用CGSS 2013数据进行研究，研究结果与上述研究一致，也验证了文化消费频率与幸福感的正相关关系。目前，国外研究已经考察了文化消费的多样性与幸福感的关系，如Lee和Heo（2021）在韩国进行的一项研究中发现，文化消费越多样，个体越幸福，有学者用一句简明扼要的话来总结文化消费杂食与幸福感的关系，即"多样性是生活的调味剂"（Etkin & Mogilner，2016：210）。然而，国内针对文化消费的多样性或数量层面的杂食如何塑造幸福感的研究甚少，因此，本研究将关注文化消费的多样性和频率与美好生活的关系。频率和杂食水平较高的人被Sullivan和Katz-Gerro（2007）称为"贪婪的文化消费者"，那么，越贪婪的消费者幸福感越高吗？在上述讨论的基础上，本章提出如下假设：线上、线下文化消费的频率与个体的幸福感具有正相关关系；文化消费数量上的杂食与个体的幸福感具有正相关关系。

7.1.2 作为解释机制的文化获得感

在第4章中，本研究借鉴了使用与满足理论的获得满足观点，提出了文化获得感的概念。回顾使用与满足理论的研究，尽管讨论寻求满足或动机的文献占比较多，甚至有研究者认为使用与满足理论关注的是人们为什么使用媒介而不是媒介为人们做了什么（Leung，2015），但是仍有学者质疑，他们认为获得满足和寻求满足是两个互相区别的部分（Hussian et al.，2020），其中，获得满足强调实际的获得，例如，Lometti等（1977）称之为"实际满足"，Hussian等（2020）指出它是实际结果与获得的满足感。因此，这些相似的属性都与本书所关注的文化获得感相匹配。在前面几章中，本研究多次强调文化获得感是公众从文化产品与服务的消费中获得的实际满足感，实际获得是文化获得感的要旨。传媒产业是文化产业的主要分支，它在我国文化产业的发展中扮演着"主导性"角色（余丽容，2014），因而文化产业向消费者供给的绝大多数文化产品和服务都属于媒介产品。媒介产品是一种文化产品、精神产品，它的内容可以包括"信息咨询、知识、娱乐等各个方面，只不过在载体上表现为报纸、杂志、书籍、电视节目等"（邓向阳，2006：12，20）。作为文化消费的一种类型，广播、电视等媒介产品的消费会促使消费者获得满足，亦即文化消费对文化获得感的促进作用是成立的。

国内学者关于获得感的研究较多，获得感在学理层面的研究价值已经被社会心理学研究者发现和发掘，因此，本研究将借鉴讨论获得感与文化消费、获得感与幸福感的相关研究，推测文化获得感可能发挥中介作用。目前，已有一项研究关注获得感在文化参与和幸福感之间的中介作用，探究了文化参与和获得感之间的关系，研究结果表明，参观美术馆、博物馆、画廊等艺术活动的次数越多，个体的获得感越强，生活满意度越高（林立菁等，2018）。依据上述研究的结果，本研究做出如下假设：文化获得感在线上、线下文化消费频率与幸福感之间的关系中发挥了中介作用；文化获得感在线上、线下文化消费杂食与幸福感之间的关系中发挥了中介作用。

7.1.3　文化消费的代际差异

消费者的年龄结构决定了他们参与文化消费的强度、品位和多样性。在过去的很多研究中，研究者都调查了消费者年龄对文化消费活动参与的影响（Richards & van der Ark，2013；Diniz & Machado，2011；李志兰，2019）。例如，Richards 和 van der Ark（2013）运用多元对应分析检验了不同人口学变量与文化消费之间的关系，研究结果显示，除了 15 岁以下的消费者，随着年龄和收入的增长，文化消费类型会一成不变且更加高雅。Diniz 和 Machado（2011）的研究结果表明，随着消费者年龄的增大，他们对文化艺术类产品的支出变少。李志兰（2019）对中国互联网文化消费者的考察中发现，消费者的年龄越大，他们不仅在文化消费支出上越少，而且还会在时间上支出越少。上述研究都与年龄有着千丝万缕的联系，从个体的生命历程看，年龄可以被看作一种世代的标记。Green（2016）指出，"同期群"指的是年龄相近、拥有共同经历（如同时上学或经历战争）的一类群体。这些群体在文化与政治等层面形成重要参照点，并塑造了其生命历程。例如，二战后的"婴儿潮一代"和21世纪成年后的"千禧一代"。

学者们结合年龄效应和媒介使用历程，将出生在不同年代的人划分为不同的世代（Roth-Cohen et al.，2022；Salleh et al.，2017），分别为：①作为移动原住民的Z世代（1995—2012年出生）；②作为数字原住民的Y世代（1981—1994年出生）；③作为数字移民的X世代（1966—1980年出生）。这三种不同的同期群都经历了相似的媒介技术环境，所以研究者使用移动原住民、数字原住民、数字移民来描述不同世代群体共同的参照标志——媒介技术。因此，本研究采用这种分类方法及其定义来划分文化消费中的代际群组。这里需要说明的是，这种划分方式适用于本研究，在文化与科技融合的背景下，线上文化消费与线下文化消费的消费者结构涵盖了不同年龄阶段的受众群体。

关于不同世代同期群的研究有一个普遍的定论，即在很多方面，这些同期群之间存在显著差异。数字文化消费体现了一种媒介技术的发展，鉴于Z世代、Y世代、X世代在移动设备与数字技术使用层面的差异，本研究假设在参与强度和广度层面，Z世代、Y世代、X世代在参与线上文化消费活动和线下文化消费活动上存在显著差异。本章的另一个研究目的是考察文化消费与幸福感之间的关系以及中介效应的代际差异。尽管已有研究关注年龄与文化消费之间的关系，但仍缺乏系统性调查来解释不同代际间的文化消费偏好差异，以及这种代际差异如何体现个体参与文化活动对生活质量的影响。7.1.2小节假设了文化消费对文化获得感的正向预测作用以及文化获得感在文化消费与幸福感之间的中介作用，基于此，本研究猜测如果Z世代、Y世代、X世代在文化消费活动参与上存在显著差异，那么，文化消费对文化获得感的正向预测作用，以及文化获得感在文化消费与幸福感之间的中介作用在三个代际同期群的差异性显著。下文将运用调节效应检验文化获得感的中介效应的差异。

7.2 理论模型

文化获得感与文化消费之间的关联比获得感与文化消费的关系更为紧密。在此基础上，本章进一步考察线上、线下文化消费的广度和强度与文化获得感、幸福感之间的关系，以及考察文化获得感的中介作用。

根据第3章建构的文化消费—获得感—幸福感理论模型（图3.2），本章构建了一个有调节的中介模型（如图7.1），系统地探究了以文化获得感为中介的文化消费与幸福感之间的关系，具体而言，检验线上、线下文化消费频率与杂食和幸福感之间的直接效应，并考察文化获得感在其间的中介作用，以及分析三个世代中的差异。

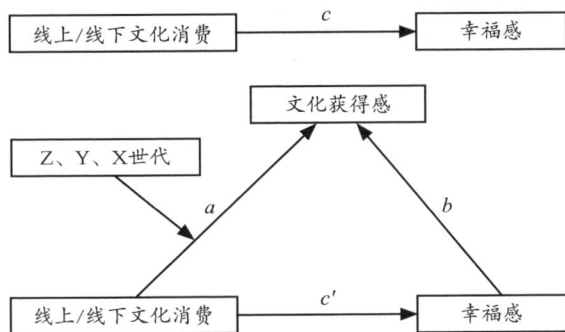

图7.1 文化获得感中介效应的理论模型

7.3　数据来源与测量

7.3.1　数据来源

本章使用的样本与第 5 章使用的样本一致。研究者在 2022 年 1 月 14 日至 2 月 9 日通过问卷星的样本服务发放有偿问卷，在填答问卷之前，研究者征求了被试者的知情同意。研究者删除随便填答的无效样本后，最终收到的有效样本数为 1073 份。在 1073 份有效样本中，被试者的平均年龄为 33 岁（$M=32.8$，$SD=8.5$，$Mdn=32.0$），其中有 538 人为女性（50.1%）、535 人为男性（49.9%），大学本科及以上学历的被试者占比 82.7%。

7.3.2　变量选择与测量

本章涉及相关变量的测量方式如下：

1.文化获得感。本研究使用研究者自行编制的文化获得感量表测量，并采用李克特 7 点量表进行计分（1＝非常不同意，7＝非常同意），总量表的 *Cronbach's Alpha* 值为 0.906。

2.文化消费频率。文化消费频率指的是消费者参与文化消费活动的强度，研究者以 12 个月为单位，把个体的文化消费行为进行量化，供选择的题项有 7 个，分别是：从不、一年一次或更少、一年几次、大约一个月一次、一个月几次、一周一至两次、几乎每天。文化消费频率的测量主要包括两个方面：（1）线下文化消费频率，调查了被试者"在礼堂、剧院、音乐厅等场馆观看音乐会、戏剧、歌剧等演出""现场看演唱会、脱口秀""现场看相声、戏曲、快板等传统艺术表演"等 12 项线下文化消费活动的消费频率，*Cronbach's Alpha* 值为 0.843；（2）线上文化消费频率，同样调查了被试者使用手机等移动设备参与 12 种线上文化消费的频率，如"浏览短视频""看网络直播""看电视剧和综艺""看电影""文化场馆云体验（通过博物馆、艺术馆、美术馆的官网和社交媒体在线观看展览）"等，*Cronbach's Alpha*值为0.777。

3.文化消费杂食。文化消费杂食体现了消费者参与文化消费活动的广度。研究者对文化消费杂食的作答数据进行重新编码，即将文化消费杂食变为一个二分类变量（1＝是，0＝否），表示被试者是否参与某项文化消费活动，研究者对这些变量进行累计得分，最后成为本研究所关注的线下文化消费杂食与线上文化消费杂食两个变量。

4.人口学题项。包括被试者的性别、年龄和受教育程度三个人口学特征变量，它们均为常规控制变量。

7.4　研究结论

7.4.1　描述性统计与相关分析

表7.1报告了研究变量的描述性统计与相关分析数据结果。由表7.1可知，无论是在参与广度层面还是在参与强度层面，线上文化消费、线下文化消费均与文化获得感的正向相关系数显著，同时，也与幸福感具有显著的正相关关系。

表7.1　变量的描述性统计与相关系数

变量	M	SD	线上文化消费频率	线下文化消费频率	线上文化消费杂食	线下文化消费杂食	幸福感	文化获得感
线上文化消费频率	4.98	0.806	1					
线下文化消费频率	3.60	0.819	0.578***	1				

续表

变量	M	SD	线上文化消费频率	线下文化消费频率	线上文化消费杂食	线下文化消费杂食	幸福感	文化获得感
线上文化消费杂食	11.13	1.502	0.696***	0.549***	1			
线下文化消费杂食	9.71	1.817	0.530***	0.741***	0.694***	1		
幸福感	5.25	1.080	0.219***	0.306***	0.128***	0.203***	1	
文化获得感	5.44	0.680	0.456***	0.380***	0.292***	0.309***	0.437***	1

7.4.2　文化获得感的中介效应检验

为了验证研究假设，本研究使用SPSS的PROCESS程序分别检验了线上文化消费频率、线上文化消费杂食、线下文化消费频率、线下文化消费杂食与文化获得感、幸福感之间的关系。在正式分析之前，研究者选择了PROCESS程序的中心化选项对测量变量进行中心化处理。如表7.2所示，模型1检验了线上文化消费杂食对幸福感的主效应，数据结果显示，线上文化消费杂食对幸福感的主效应显著（$\beta=0.082$，$p<0.001$）。模型2检验了线上文化消费杂食对文化获得感的预测作用，研究结果表明线上文化消费杂食与文化获得感呈正相关（$\beta=0.126$，$p<0.001$），表明消费者参与线上文化消费活动的种类越多样，文化获得感越强。模型3的研究结果显示，线上文化消费杂食对幸福感的直接效应不显著（$\beta=0.021$，$p>0.05$），但文化获得感对幸福感的正向预测作用显著（$\beta=0.689$，$p<0.001$）。因此，线上文化消费杂食对幸福感并无直接的预测作用，但对幸福感的间接作用显著，即线上文化消费杂食通过增强文化获得感引起幸福感的提升。

表7.2 文化获得感在线上文化消费杂食与幸福感之间的中介效应检验

变量		模型1 幸福感			模型2 文化获得感			模型3 幸福感		
		β	SE	p	β	SE	p	β	SE	p
控制变量	性别	−0.166[*]	0.066	0.012	−0.110[**]	0.040	0.006	−0.091	0.060	0.133
	年龄	−0.005	0.004	0.214	0.004	0.002	0.131	−0.007[*]	0.004	0.040
	受教育程度	0.033	0.020	0.103	0.045[***]	0.012	<0.001	0.002	0.018	0.916
核心自变量	X_1：线上文化消费杂食	0.082[***]	0.022	<0.001	0.126[***]	0.013	<0.001	−0.005	0.021	0.821
中介变量	M：文化获得感							0.689[***]	0.046	<0.001
	常数	4.194[***]	0.441	<0.001	3.335[***]	0.266	<0.001	1.895[***]	0.429	<0.001
	R^2	0.028			0.104			0.197		
	F	7.629[***]			30.873[***]			52.223[***]		

我们按照相同的分析方法对线下文化消费杂食与幸福感之间的关系及影响机制进行了分析，分析结果如表7.3所示。模型4和模型5的研究结果显示，线下文化消费杂食与幸福感之间的主效应显著（β=0.115，p<0.001），线下文化消费杂食与文化获得感之间的正相关关系显著（β=0.109，p<0.001）。在模型6中，本研究控制了人口学变量之后，线下文化消费杂食对幸福感的正向预测作用显著（β=0.044，p<0.05），文化获得感对幸福感的正向预测作用也显著（β=0.635，p<0.001），说明文化获得感的中介作用被证实。该部分的研究结果表明，线下文化消费杂食与幸福感之间的直接效应与间接效应显著，进一步解释了为线下文化消费杂食能够直接预测幸福感，即线下消费杂食的程度越高，消费者的幸福感越高；不仅如此，线下文化消费杂食能够通过文化获得感的提升增强幸福感。

表7.3　文化获得感在线下文化消费杂食与幸福感之间的中介效应检验

变量		模型4			模型5			模型6		
		幸福感			文化获得感			幸福感		
		β	SE	p	β	SE	p	β	SE	p
控制变量	性别	-0.163*	0.065	0.013	-0.110**	0.040	0.006	-0.091	0.060	0.130
	年龄	-0.005	0.004	0.164	0.003	0.002	0.295	-0.007*	0.004	0.049
	受教育程度	0.018	0.020	0.379	0.035**	0.012	0.004	-0.005	0.018	0.772
核心自变量	X_2：线下文化消费杂食	0.115***	0.018	<0.001	0.109***	0.011	<0.001	0.044*	0.017	0.012
中介变量	M：文化获得感							0.653***	0.046	<0.001
	常数	4.258	0.396	<0.001	3.876***	0.242	<0.001	1.729***	0.405	<0.001
	R^2	0.051			0.109			0.201		
	F	14.338***			32.778***			53.796***		

本研究还检验了线上文化消费与幸福感之间的关系及影响机制，如表7.4和表7.5所示。表7.4呈现了线上文化消费频率与文化获得感、幸福感之间的回归系数。模型7和模型8的数据显示，线上文化消费频率与幸福感的总效应显著，线上文化消费频率越高，个体的幸福感越高（$\beta=0.281$，$p<0.001$），线上文化消费频率能显著正向预测文化获得感（$\beta=0.385$，$p<0.001$）。模型9的数据结果显示，线上文化消费频率对幸福感的直接效应不显著（$\beta=0.021$，$p>0.05$），文化获得感对幸福感的正向预测作用显著（$\beta=0.675$，$p<0.001$）。与线上文化消费杂食与幸福感之间的关系一致，线上文化消费频率与幸福感的直接效应不显著，即线上文化消费频率无法直接预测幸福感，或者说，参与线上文化消费活动的强度越大，并不意味着幸福感越高。同时，文化获得感的中介作用显著，线上文化消费频率对幸

福感的预测作用实际上是通过文化获得感间接正向作用于幸福感来实现的。

表7.4　文化获得感在线上文化消费频率与幸福感之间的中介效应检验

变量		模型7			模型8			模型9		
		幸福感			文化获得感			幸福感		
		β	SE	p	β	SE	p	β	SE	p
控制变量	性别	-0.179^{**}	0.065	0.006	-0.128^{***}	0.037	<0.001	-0.092	0.060	0.126
	年龄	-0.002	0.004	0.584	0.007^{**}	0.002	0.001	-0.007	0.004	0.054
	受教育程度	0.025	0.020	0.210	0.035^{**}	0.011	0.002	0.001	0.018	0.954
核心自变量	X_3：线上文化消费频率	0.281^{***}	0.041	<0.001	0.385^{***}	0.023	<0.001	0.021	0.042	0.611
中介变量	M：文化获得感							0.675^{***}	0.049	<0.001
	常数	3.771^{***}	0.417	<0.001	2.892^{***}	0.238	<0.001	1.820^{***}	0.411	<0.001
	R^2	0.057			0.228			0.197		
	F	16.235^{***}			78.756^{***}			52.274^{***}		

　　模型10的数据结果显示，线下文化消费频率与幸福感呈显著正相关，表示线下文化消费频率与幸福感之间的总效应显著。模型11和模型12的研究结果证明了线下文化消费频率与幸福感之间的直接效应与间接效应均显著：一方面，线下文化消费频率与文化获得感呈显著的正相关关系（$\beta=0.306$，$p<0.001$），这显示线下文化消费频率越高，文化获得感越强；另一方面，文化获得感对幸福感的正向预测作用显著（$\beta=0.589$，$p<0.001$），线下文化消费频率和幸福感具有显著正相关的关系（$\beta=0.219$，$p<0.001$）。可见，线下文化消费频率不仅可以直接预测幸福感，而且能通过文化获得感间接预测幸福感。换言之，公众参与线下文化消费的频率越高，幸福感越强；同时，线下文化消费频率提高，文化获得感就会增强，个体的幸福感

水平也越高。总之，文化获得感在线下文化消费频率与幸福感之间的中介作用显著。

表7.5 文化获得感在线下文化消费频率与幸福感之间的中介效应检验

变量		模型10			模型11			模型12		
		幸福感			文化获得感			幸福感		
		β	SE	p	β	SE	p	β	SE	p
控制变量	性别	-0.182**	0.063	0.004	-0.126**	0.039	0.001	-0.107	0.059	0.071
	年龄	-0.006	0.004	0.131	0.002	0.002	0.349	-0.007	0.004*	0.048
	受教育程度	0.012	0.019	0.539	0.035**	0.012	0.003	-0.009	0.018	0.628
核心自变量	X_4：线下文化消费频率	0.399***	0.039	<0.001	0.306***	0.0235	<0.001	0.219***	0.039***	<0.001
中介变量	M：文化获得感							0.589***	0.047***	<0.001
	常数	4.072***	0.378	<0.001	3.872***	0.231	<0.001	1.793***	0.397	<0.001
	R^2	0.105			0.160			0.219		
	F	31.162***			50.88***			60.146***		

中介模型检验后，我们通过PROCESS程度对效应值进行了分析，研究结果（见表7.6）显示：（1）文化获得感在线上文化消费频率与幸福感之间起完全中介作用，文化获得感在线上文化消费频率与幸福感之间的间接效应值为0.260，95%的置信区间为[0.209，0.319]，不包含0，中介效应占总效应的比例为93%；（2）文化获得感在线下文化消费频率与幸福感之间起部分中介作用，文化获得感在线下文化消费频率与幸福感之间的间接效应值为0.180，95%的置信区间为[0.140，0.225]，区间内不包含0，中介效应占总效应的比例为45%；（3）文化获得感在线上文化消费杂食与幸福感之间发挥完全中介作用，文化获得感在线上文化消费杂食与幸福感之间的间

接效应值为 0.087，95% 的置信区间为 [0.065，0.113]，不包含 0；（4）文化获得感在线下文化消费杂食与幸福感之间起部分中介作用，文化获得感在线下文化消费杂食与幸福感之间的间接效应值为 0.071，95% 的置信区间为 [0.053，0.091]，不包含 0，中介效应占总效应的比例为 62%。研究结果进一步表明，无论是从消费强度（频率）还是广度（杂食）上看，线下文化消费既能直接影响个体的幸福感，又能通过影响文化获得感来影响幸福感，但是线下文化消费频率和杂食对幸福感的直接效应均不显著，仅能通过文化获得感间接预测幸福感。

表 7.6　中介分析的效应值及占比

效应类别	效应值	SE	95% 的置信区间	效应占比
线上文化消费频率 → 文化获得感 → 幸福感				
总效应	0.281	0.041	[0.202，0.361]	
直接效应	0.021	0.042	[−0.061，0.104]	—
间接效应	0.260	0.028	[0.209，0.319]	93%
线下文化消费频率 → 文化获得感 → 幸福感				
总效应	0.399	0.039	[0.323，0.475]	
直接效应	0.219	0.039	[0.143，0.295]	55%
间接效应	0.180	0.022	[0.140，0.225]	45%
线上文化消费杂食 → 文化获得感 → 幸福感				
总效应	0.082	0.022	[0.039，0.126]	
直接效应	−0.005	0.021	[−0.046，0.036]	100%
间接效应	0.087	0.012	[0.065，0.113]	100%
线下文化消费杂食 → 文化获得感 → 幸福感				
总效应	0.115	0.181	[0.080，0.150]	
直接效应	0.044	0.017	[0.010，0.078]	38%
间接效应	0.071	0.010	[0.053，0.091]	62%

7.4.3　代际之间的差异检验

在本研究中，我们主要考察Z、Y、X三个世代，在开始分析之前，我们对年龄变量进行了分组处理，删除了22个出生在1965年及之前的被试者，被纳入下面分析过程的样本数为1051份，绝大多数被试者为Y世代（n=664，63.2%），Z世代为272人（25.9%），X世代为115人（10.9%）。

研究结果显示，在线上文化消费频率、线上文化消费杂食、线下文化消费频率、线下文化消费杂食这四个层面上，三个世代的比较结果在统计学意义上具有显著性，表明三个世代与文化消费频率、杂食具有显著关联，见表7.7。相较而言，Y世代报告的四项数值均最高，其次为Z世代，X世代的数值最低。简言之，在当下的文化消费活动参与中，Z世代、Y世代、X世代三组同期群的线上、线下文化消费频率和杂食程度确实存在显著差异，Y世代参与线上、线下文化消费活动的强度和广度都比Z世代和X世代大。

表 7.7　Z、Y、X 世代文化消费频率与杂食的描述性统计数据

项目	Z 世代	Y 世代	X 世代	总样本	F
	M（SD）	M（SD）	M（SD）	M（SD）	
线下文化消费频率	3.51（0.81）	3.69（0.80）	3.21（0.82）	3.60（0.82）	19.337[***]
线上文化消费频率	5.01（0.72）	5.06（0.77）	4.47（0.91）	4.98（0.80）	27.859[***]
线下文化消费杂食	9.51（1.82）	9.95（1.59）	8.83（2.53）	9.71（1.81）	22.046[***]
线上文化消费杂食	11.08（1.30）	11.27（1.34）	10.46（2.19）	11.13（1.47）	15.550[***]

同时，数据结果还显示，Z世代、Y世代、X世代三个世代群体的共性是，线下文化消费频率与杂食程度均没有线上文化消费频率与杂食程度高，这也符合我们的研究预期，呼应了公众"线上转移"的文化消费习惯，因为线下文化消费需要基于特定的场所和大块的闲暇时间，而线上文化消费则

不限于特定的时间与空间，可以利用移动设备或应用随时连接、随时消费。

本研究还分别探究了三个世代群体的各种文化消费活动参与频率差异，如表 7.8 所示。在"看网络文学、电子书"，以及"从网上获取新闻资讯"这两种线上文化消费活动参与频率上，三个世代群体不存在差异。除了这两种文化消费活动，在其他文化消费活动上，Z、Y、X 世代的参与频率存在显著差异，数据结果显示，Z 世代是"新型文化产品的追求者"，"看纸质书""逛文化场馆（如地方图书馆、博物馆、艺术馆、美术馆、科技馆）""去剧本杀、密室、桌游等线下体验馆""听音乐""在网上看电影""玩网络游戏""看动漫""浏览短视频"是在 Z 世代群体中比较流行的文化消费活动，他们参与这些线上与线下文化消费活动的频率要高于 Y 世代和 X 世代。Y 世代则偏好一些高雅的文化消费形式，是"高雅文化产品的忠实追随者"，如对于"在礼堂、剧院、音乐厅等场馆观看音乐会、戏剧、歌剧等演出""现场看演唱会、脱口秀""现场看相声、戏曲、快板等传统艺术表演""文化场馆云体验"等，这一群体都表现出强烈的喜好。相比之下，X 世代在"看纸质报纸或期刊"这项文化消费活动上的参与频率高于 Z 世代、Y 世代，这一世代群体是"线下传统文化产品热爱者"。

表 7.8 Z、Y、X 世代详细文化消费参与描述性统计数据

文化消费活动	Z 世代	Y 世代	X 世代	总样本	F
	M（SD）	M（SD）	M（SD）	M（SD）	
用电视机看电视	4.71(1.796)	5.70 (1.43)	5.62(1.809)	5.43(1.632)	39.4***
看纸质书	4.92(1.542)	4.77(1.499)	4.43(1.783)	4.77(1.548)	3.986*
看纸质报纸或期刊	3.58(1.714)	3.98(1.651)	4.03(1.791)	3.88(1.691)	5.964**
去电影院看电影	3.9 (1.191)	4.09(1.074)	3.23(1.264)	3.94(1.264)	28.804***
去 KTV 唱歌	3.11(1.165)	3.32(1.219)	2.5 (1.173)	3.18(1.226)	23.393***
逛文化场馆（如地方图书馆、博物馆、艺术馆、美术馆、科技馆）	3.64(1.295)	3.63(1.169)	3.05 (1.13)	3.57(1.212)	12.182***

续表

文化消费活动	Z世代	Y世代	X世代	总样本	F
	M（SD）	M（SD）	M（SD）	M（SD）	
在礼堂、剧院、音乐厅等场馆观看音乐会、戏剧、歌剧等演出	2.67（1.353）	2.85（1.246）	2.25（1.05）	2.74（1.268）	11.565***
现场看演唱会、脱口秀	2.25（1.281）	2.46（1.249）	2.1（1.054）	2.37（1.244）	5.709**
现场看相声、戏曲、快板等传统艺术表演	2.18（1.215）	2.38（1.299）	2.1（1.18）	2.3（1.269）	3.957*
去剧本杀、密室、桌游等线下体验馆	3.06（1.374）	2.92（1.409）	1.96（1.238）	2.85（1.418）	28.011***
去旅游景点	3.46（1.123）	3.47（1.069）	3.14（1.042）	3.43（1.084）	4.769**
去当地的公园、文化街区、文化广场等公共文化场所	4.62（1.32）	4.72（1.219）	4.14（1.357）	4.63（1.272）	10.576***
看网络文学、电子书	5.43（1.689）	5.45（1.56）	5.15（1.925）	5.41（1.638）	1.711
从网上获取新闻资讯	6.47（1.009）	6.52（0.964）	6.49（1.063）	6.5（1.063）	0.179
在网上看电影	5.06（1.137）	5.05（1.146）	4.26（1.351）	4.97（1.192）	23.534***
在网上看电视剧和综艺	5.59（1.277）	5.68（1.175）	5.20（1.551）	5.6（1.255）	7.251**
玩网游	5.28（1.912）	5.00（1.924）	4.07（2.285）	4.97（1.991）	15.552***
在网上看动漫	4.48（1.934）	4.39（1.787）	3.13（1.704）	4.27（1.86）	25.756***
浏览短视频	6.52（1.069）	6.45（1.068）	6.13（1.548）	6.43（1.135）	5.0**
看网络直播	5.28（1.581）	5.62（1.36）	5.17（1.682）	5.49（1.467）	8.229***
听音乐	6.36（1.029）	6.11（1.207）	5.67（1.577）	6.13（1.225）	13.315***
线上K歌	3.15（1.74）	3.56（1.725）	2.8（1.661）	3.37（1.74）	12.432***
文化场馆云体验	3.19（1.655）	3.45（1.539）	2.93（1.437）	3.33（1.568）	6.771**
线上演出	3.33（1.513）	3.42（1.498）	2.7（1.446）	3.32（1.511）	11.51***

　　最后，本研究进一步检验了代际的调节作用，我们利用SPSS的宏程序PROCESS检验了代际差异对文化消费对文化获得感的调节效应，以Z世代为基准组，进而分析Y、X两个世代群体与Z世代群体在文化消费与文化获得感之间的差异。具体步骤如下：在PROCESS中选择Model 1进行Bootstrap 5000次重复抽样，置信区间设定为95%，将文化获得感纳入因变量框，将4类文化消费变量分别纳入自变量框，将类别变量代际纳入中介变量框，并在右侧多分类中勾选M variable，系统会自动生成两个虚拟变量。本研究主要根据交互项的系数来判定代际差异的调节效应是否显著。由于代际为类别变量，不可中心化，研究者在PROCESS中未点选中心化选项，所以下文得出的回归数值均为非标准化系数。

　　如表7.9所示，基准组Z世代群体的线下文化消费频率对文化获得感的回归系数显著（$\beta=0.386$，$p<0.001$），交互项的回归系数不显著（$\beta=0.073$，$p>0.05$；$\beta=-0.131$，$p>0.05$）；基准组Z世代群体的线下文化消费杂食对文化获得感的回归系数显著（$\beta=0.138$，$p<0.001$），交互项的回归系数不显著（$\beta=-0.002$，$p>0.05$；$\beta=-0.078$，$p>0.05$）；基准组Z世代群体的线上文化消费频率对文化获得感的回归系数显著（$\beta=0.327$，$p<0.001$），交互项的回归系数不显著（$\beta=-0.018$，$p>0.05$；$\beta=-0.199$，$p>0.05$）；基准组Z世代群体的线上文化消费杂食对文化获得感的回归系数显著（$\beta=0.12$，$p<0.05$），交互项的回归系数不显著（$\beta=-0.026$，$p>0.05$；$\beta=-0.109$，$p>0.05$）。上述研究结果显示，所有交互项的回归系数都不显著，因此，代际差异对4类文化消费变量对文化获得感的调节效应不显著，与Z世代相比，X、Y世代在线上、线下文化消费上对文化获得感的预测效应没有显著的差异。此外，本研究又分别将X和Y世代列为基准组，最后的研究结果与上述研究结果一致，交互项均不显著，数据结果证实，文化消费对文化获得感的正向预测作用在三个世代群体中均不显著，以及文化消费对幸福感的间接影响作用不存在显著差异。该研究结果进一步验证了文化消费提升公众文化获得感在不同世代群体中的普遍性。

表 7.9　世代的调节效应检验

项目		文化获得感 β（SE）	文化获得感 β（SE）	文化获得感 β（SE）	文化获得感 β（SE）
常量		4.316*** （0.473）	4.223*** （0.51）	3.698*** （0.581）	3.933*** （0.671）
控制变量		已控制	已控制	已控制	已控制
虚拟变量 1		自动生成	自动生成	自动生成	自动生成
虚拟变量 2		自动生成	自动生成	自动生成	自动生成
自变量	线下文化消费频率	0.386*** （0.077）			
	线下文化消费杂食		0.138*** （0.036）		
	线上文化消费频率			0.327*** （0.327）	
	线上文化消费杂食				0.12* （0.05）
自变量与 Y 世代的交互项		0.073 （0.092）	−0.002 （0.044）	−0.018 （0.104）	−0.026 （0.059）
自变量与 X 世代的交互项		−0.131 （0.14）	−0.078 （0.053）	−0.199 （0.141）	−0.109 （0.068）
R^2		0.110	0.054	0.058	0.028
F		16.146***	7.475***	8.067***	3.756***

　　为了更好地呈现不同代际之间变量关系的异同，本研究对模型进行了分组回归检验，并绘制了模型图，三个子样本的模型分析如图 7.2、图 7.3、图 7.4、图 7.5 所示。

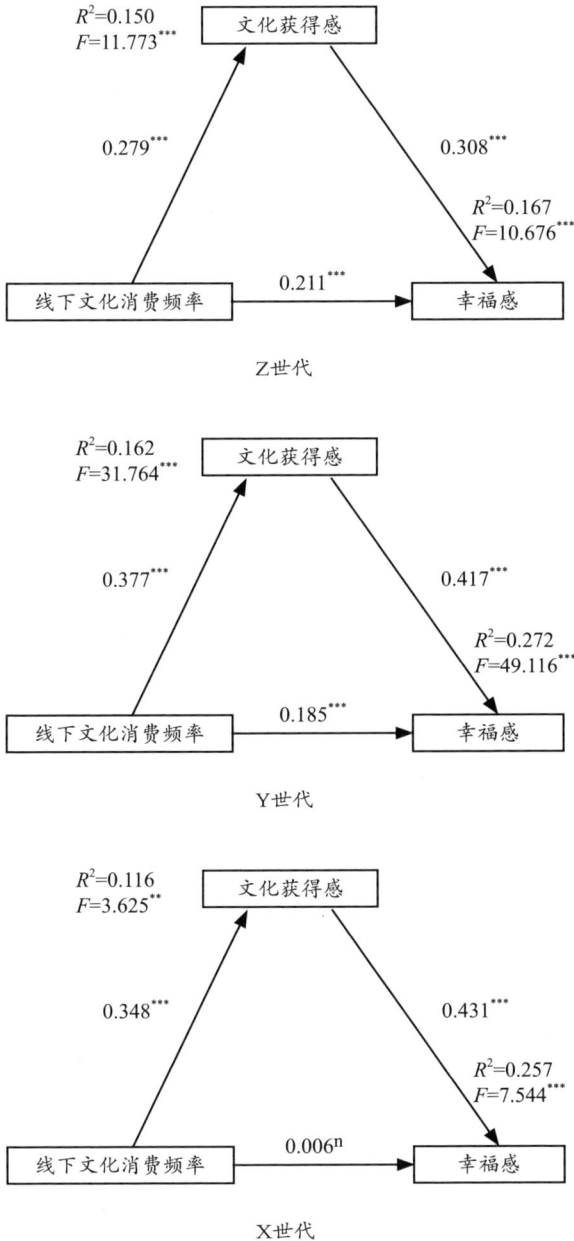

图7.2　Z、Y、X世代的线下文化消费频率与幸福感之间的关系

注：n 表示在 $p>0.05$ 水平上不存在显著性。后同。

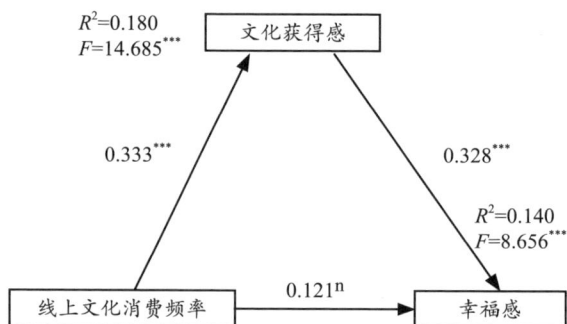

Z世代

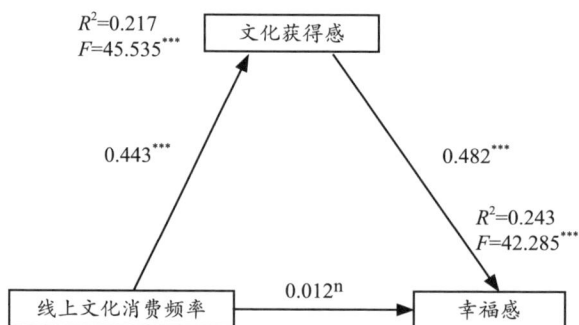

Y世代

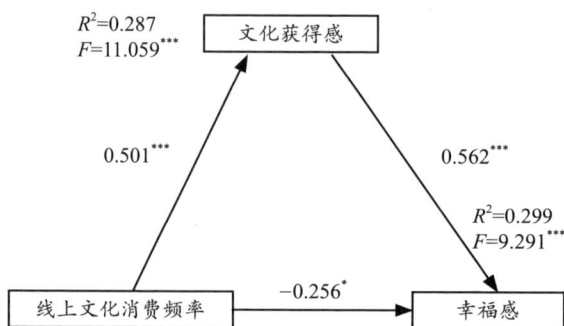

X世代

图7.3 Z、Y、X世代的线上文化消费频率与幸福感之间的关系

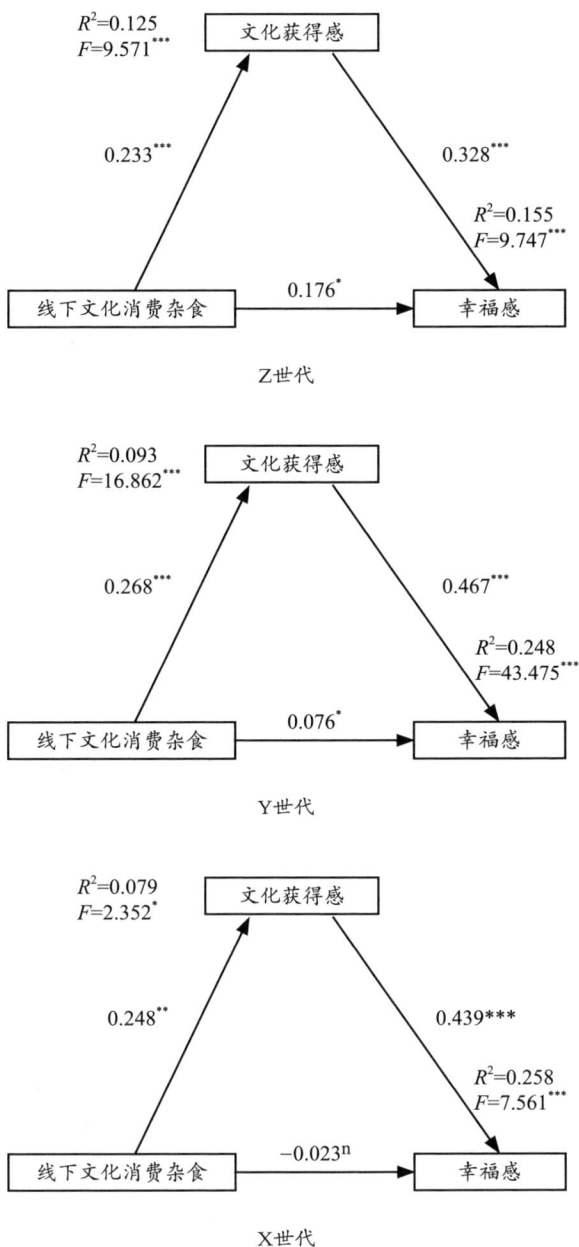

图7.4　Z、Y、X世代的线下文化消费杂食与幸福感之间的关系

R^2=0.105
F=7.870***

文化获得感

0.179***

0.352***

R^2=0.136
F=8.364***

线上文化消费杂食

0.095n

幸福感

Z世代

R^2=0.082
F=14.637***

文化获得感

0.245***

0.487***

R^2=0.243
F=42.259***

线上文化消费杂食

0.001n

幸福感

Y世代

R^2=0.138
F=4.414**

文化获得感

0.378***

0.503***

R^2=0.288
F=8.829***

线上文化消费杂食

−0.196*

幸福感

X世代

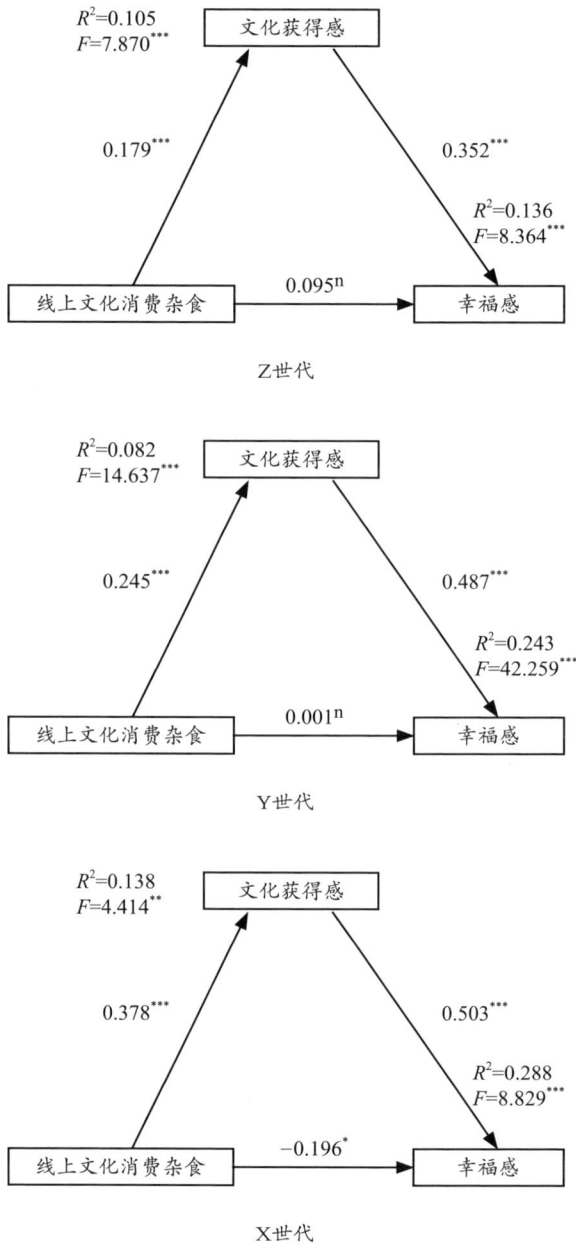

图7.5　Z、Y、X世代的线上文化消费杂食与幸福感之间的关系

具体而言：（1）无论是从线上、线下文化消费的强度来看，还是从消

费广度来看，Z、Y、X三个世代人群的文化消费均能够正向预测文化获得感，这与上述调节效应的检验结果一致；（2）文化获得感在文化消费和幸福感之间的中介作用显著，Z、Y、X三个世代人群的线上与线下文化消费频率、线上与线下文化消费杂食对文化消费的正向间接效应显著，文化消费可以能够通过文化获得感影响幸福感；（3）从直接效应的数据结果来看，在全样本模型的检验结果中，线下文化消费频率、杂食均与幸福感呈正相关。然而，我们从Z、Y、X世代的差异性检验来看，对于X世代群体而言，线下文化消费频率、杂食对幸福感的直接效应不显著；全样本模型的检验结果显示，线上文化消费频率、杂食对幸福感的直接效应均不显著，但从图中可以看出这一结论在Z、Y世代中具有解释力，而X世代的线上文化消费频率与杂食却能负向预测其幸福感，a'b'和c'的符号不一致，所以意味着在子样本X世代中出现了遮掩效应。

7.5　本章小结

本章考察了文化消费对幸福感的影响机制，即文化获得感在文化消费与幸福感之间的中介作用，以及三个代际同期群的差异。本章对总样本的分析结果如下。（1）线下文化消费对幸福感的直接效应和间接效应显著，线下文化消费杂食、线下文化消费频率能够直接正向预测幸福感，亦可以通过文化获得感间接预测幸福感。（2）线上文化消费对幸福感的直接效应不显著、间接效应显著，线上文化消费频率和杂食均能通过文化获得感间接影响幸福感。（3）从文化消费的频率和杂食两方面来看，代际与文化消费之间的关系显著，具体而言，Z世代、Y世代、X世代的线上文化消费和线下文化消费具有显著的差异性，Y世代的频率和杂食程度最高，之后依次是Z世代、X世代。在具体的文化消费活动上，X世代偏好阅读纸质报纸或期刊这项文化消费活动，Y世代偏好线下看戏剧、歌剧、音乐会等演出等高雅文化消费，Z世代偏好网上看电影、玩网络游戏、看动漫、浏览短视频等线上文化消费，也偏好于去剧本杀、密室逃脱、桌游等线下文化体验活动，Z、Y、X三个代际同期群的文化消费实践也符合他们所对应的标签：移动原住民、数字原住民和数字移民。（4）代际同期群在文化消费与文化获得感之间的调节效应不显著，代际同期群对文化获得感在文化消费与幸福感之间的调节效应不显著，说明文化获得感对文化消费与幸福感之间的中介作用适用于所有人群。因此，研究结果揭示了文化消费与幸福感之间关系的内在机制，尤其是文化消费经由文化获得感的提升对幸福感的增强效应，并进一步验证了文化获得感的中介效应在三个世代群体上的普遍性。

第 8 章
结论与讨论

文化数字化战略下
公众文化获得感研究

8.1　主要研究发现

如今，除了衣、食、住、行等生存需求之外，以"精神""文娱"为特征的文化消费需求也是公众日常生活中的重要内容，并逐渐成为一种刚性需求。在如今移动设备与数字技术构建的屏幕媒介环境下，数字内容产品在日常文化消费产品中占据较大的比重。在文化与科技的不断渗透和融合之下，新文化业态、新型文化消费形态不断涌现，尤其是网络游戏、网络文学、网络动漫等新型线上文化消费产品越来越丰富多样，不断满足人民日益增长的美好生活需要，成为促进人民群众精神生活共同富裕的重要保障。在本质上，线上文化产品的出现颠覆了广播、电视等传统文化产品消费方式的固定时间结构，打破了博物馆、展览馆等实体空间限制，阅听人在文化消费的时间、地点以及内容层面拥有更大的自主权和决定权。2020年新冠疫情暴发后，传统文旅机构在数字化转型过程中衍生出云展览、云演艺等新型"云端"文化产品，今天，博物馆与艺术馆的展览、剧场的演出等仍然是实体文化消费空间中的主角，与线上文化消费形式互为补充，形成了以"数实共生"为特征的文化产业发展新生态。总体而言，本研究是一项源于文化政策与文化产业实践的研究，既关注产业层面的文化新业态和需求端的文化消费新形式，又关切文化政策中对文化消费引领公众美好生活的新期待。

作为一种政策类型，文化产业政策能够有效地引导和保障文化产业持续健康发展，因而本研究中关于美好生活感知的两个核心变量，即文化获得感和幸福感，均来源于我国的文化产业政策及其相关实践，并着重关注文化获得感的内涵、结构以及其在文化消费与幸福感之间的中介效应。目前，我国实施的众多文化产业政策都涉及文化产品供给与文化获得感、幸福感的重要阐述，因此，本研究旨在从需求端层面反观公众参与线上与线下文化消费活动是否可以提升文化获得感，如若二者均可以有效预测文化获得感，则将进一步推测线上文化消费与线下文化消费在文化获得感视角下是竞争关系还是共存关系。接着，本研究考察了文化获得感是否能够成为文化消费与幸福感之间的影响机制。在整合相关跨学科文献的基础上，研究者通过三个子研究探究了文化消费与公众美好生活感知之间的关系，并使用问卷调查数据检验了公众的文化消费活动参与、幸福感、文化获得感之间的关系，三个子研究相互关联、互为补充，见表8.1。

表8.1　三个子研究之间的关系

项目	子研究1 （第4、5章）	子研究2 （第6章）	子研究3 （第7章）
研究目的	确定文化获得感的概念与开发量表	考察线上与线下两种文化消费形式对文化获得感的共同功能指向，并检验二者之间的补充或替代关系	探索文化消费、文化获得感与幸福感之间的关系；验证文化获得感的中介作用
研究问题	如何定义和衡量文化获得感？	文化消费如何预测文化获得感？该问题又可细分为如下子研究问题：文化消费可以划分为哪些类型？线下与线下文化消费是否有效预测文化获得感？线上与线下文化消费在影响文化获得感时是互补还是替代关系？	文化消费如何通过文化获得感影响幸福感？该问题又可细分为如下子研究问题：线上与线下文化消费与幸福感的直接关系如何？文化获得感是否在线上、线下文化消费与幸福感之间发挥了中介作用？在X、Y、Z世代中这三个变量的关系是否存在显著差异？

续表

项目	子研究1 （第4、5章）	子研究2 （第6章）	子研究3 （第7章）
研究数据	半结构访谈文本与问卷调查数据	问卷调查数据	问卷调查数据
理论基础	获得满足	获得满足；取代效应与补充效应；清单理论	获得满足；同期群理论
子研究之间的关系	各子研究之间为递进关系，且三者互相补充，逐步探索和确认了变量之间的关系，具体如下： ① 子研究1从新闻传播学学科视角扩展了核心变量——文化获得感，编制了文化获得感量表，为子研究2和子研究3提供了实证测量工具。 ② 子研究2通过实证研究拓展了子研究1对获得满足的研究边界，确定了子研究3中介作用前半路径的可行性。 ③ 子研究3在子研究1开发的测量工具基础上，以及子研究2的路径检验基础上推进，进一步检验了变量之间的关系。		

具体而言，本研究从中国本土化的文化产业政策视角出发，结合政策话语中的关键词，探究文化消费与美好生活的关系。子研究1以获得满足为理论基础，清晰地界定文化获得感的概念定义与操作化定义，编制了文化获得感量表，有助于从多维度来理解文化获得感的构成；子研究2基于对文化消费与文化获得感之间关系的考察，关注到线上与线下文化消费活动之间的功能替代与时间补充的关系；子研究3提出了以文化获得感为内在解释机制的理论模型，具体考察线上与线下文化消费的两个维度，即强度和广度，其中，强度为文化消费的参与频率，广度则指向文化消费活动数量层面的杂食，并进一步剖析了文化消费与文化获得感、幸福感之间的内在关联，验证理论模型的适用性和不同世代之间的普适性。

8.1.1 公众文化获得感的内涵与结构

文化获得感是一个具备理论价值、政策价值和实践价值的关键词。目前，关于文化获得感的研究比较薄弱，缺乏探索文化获得感内在结构的实证研究。尽管许多社会心理学研究都将文化获得感视为获得感的一个重要结构，但是本研究认为它是一个包括不同内在结构的、具有层次性的、可测量的学术概念。无论是在词意层面还是政策文本中，文化获得感都与人民群众的美好生活，特别是丰富的精神文化生活息息相关。本书以使用与满足理论中的获得满足为理论支撑，证明了文化获得感都与人民群众的美好生活，特别是丰富的精神文化生活息息相关。以使用与满足理论中的获得满足为理论支撑，对文化获得感进行操作化，是本研究的核心内容。借鉴该理论的根本原因是获得满足观点与文化获得感的契合之处在于两者均强调"实在"或"实实在在"，该理论框架使得文化获得感更具学理价值。本研究将文化获得感的操作化定义界定为：以人民群众需要的精神文化产品和服务为基础，强调人民群众对精神文化产品和服务的易得性、高品质、文化体验、文化共享、文化环境支持等层面的满足感。它强调个体实实在在的获得。本研究指出文化获得感的内涵包括文化消费品易获得、高质量文化消费品可享受、文化体验可满足、文化共享可实现、文化供给可保障等，不仅包括获得满足研究中的社会心理层面的需求，还包含位于需求侧的消费主体对文化产品与服务的内在属性与外在氛围的需求。

子研究 1 首先采用归纳法和演绎法相结合的方法编写了文化获得感量表，主要依据前人研究和自下而上的半结构访谈收集问卷的初始题项。在此基础上，子研究 1 严格遵循心理学和管理学量表编制的具体步骤，使用项目分析、探索性因子分析、验证性因子分析以及效标关联度检验等量表编制流程，对公众文化获得感的内在结构进行了探索和验证，最终编制了一个包含 5 个内在结构、21 个题项的公众文化获得感量表。研究结果显示，量表的内在结构比较完善、合理，具有良好的信效度。子研究 1 以社会心理学领域的获得感测量题项、总体幸福感以及前人研究中的生活满意度、总体获得感为效标关联变量，相关性数据结果显示公众文化获得感与效标关联变量之间存在正相关关系，表明该量表具有良好的效标关联度。子研究 1 开发的最终文化获得感量表包括获得文化内容、获得文化品质、获得文化共享、获得文化体验、获得文化环境共 5 个维度。

文化获得感的内在结构反映了人民群众的文化需求：易得性、高质量、社交、体验、文化环境与氛围。具体而言，获得文化内容反映了公众对文化产品与服务的易获得性需求，即文化消费品获取方式层面的易获得需求或触手可及需求，只有方便、容易、快捷地找到文化产品与服务，公众才会通过文化消费活动丰富自己的精神文化生活。获得文化品质体现了公众对高质量文化产品的需求的满足，体现了对新兴文化的质量要求，诸如对创意性、新颖性、体验感等的要求，这些都是衡量文化消费产品与服务质量的重要指标。高品质的文化产品也是公众对美好生活的需求之一。获得文化共享反映了获得满足观点中的社交需求满足，许多文化消费品往往需要与他人一同享受，一起交流文化产品的使用经验，或者将文化消费品推荐给他人，同时，文化消费不仅可以塑造个人的社交网络（Lizardo，2006），还会增强社会资本和社会的联结感（Vacchiano & Bolano，2021）。获得文化体验反映了个体从文化产品中得到的愉悦感、满足感、充实感等，亦即满足追求文化体验的需求。获得文化环境体现了公众对文化氛围的需求，即需要文化场馆、文化广场等公共文化服务与文化产业提供对文化消费品的供给保障。

本研究编制的文化获得感量表具有重要的理论价值和应用价值。在理论层面，获得满足理论为我们深刻理解文化获得感提供了一种新的理论资源，从另一个侧面来看，文化获得感量表的编制扩展了获得满足理论在文化消费研究中的适用范围，丰富了该理论的研究内容与内在维度。在应用层面，文化获得感量表的编制会促进公众文化获得感的相关研究和文化产业效应研究的深入发展；从政策端和供给端来看，文化获得感是文化产业获得社会效益的外在评价标准。研究者希冀本研究为我国现阶段文化产业发展及其相关部门制定文化政策提供一定的借鉴与参考。

8.1.2　文化获得感：线上文化消费与线下文化消费共同的功能指向

　　子研究2试图探究文化消费与文化获得感之间的关联。具体来说，以功能相等物、获得满足理论、清单理论为理论依据，子研究2将文化获得感视为公众从文化消费活动中获得满足的结果变量，所以子研究2提出"如今共存的线下与线上文化消费模式是否能够预测文化获得感"的研究问题，如果可以预测，二者则为促进文化获得感的功能相等物或功能替换物，反之则为功能互补物。在此基础上，子研究2进一步考察了在消费的使用强度层面，这组与文化获得感密切相关的功能相等物是否具有取代关系呢？因此，子研究2在回顾前人研究的基础上，总结了时间和功能两个交叉维度的四种功能相等物的关系，分别为：功能取代、功能补充、时间取代、时间补充。子研究2基于1073个样本分析了文化消费与文化获得感之间的关联，主要解答了线上文化消费与线下文化消费在功能和时间层面的"取代"与"补充"这一研究问题。

　　首先，子研究2对两种文化消费模式与文化获得感的关系进行了初步探究，研究结果显示，两种文化消费模式能够正向预测文化获得感，而且与文化获得感的五个内在结构具有显著的正相关关系。研究结果说明，公众参与线下和线上文化消费频率越高，文化获得感水平则越高，即线上文化消费与线下文化消费能够共同预测文化获得感，甚至共同预测获得文化内容、获得文化共享、获得文化环境、获得文化体验、获得文化质量。我们认为线上文化消费与线下文化消费具有相同的功能指向——文化获得感，而且二者在五因子层面的重叠程度很高，因此线上文化消费与线下文化消费是针对文化获得感的功能替代品。在分析结果中，我们还发现线上文化消费活动对文化获得感的预测效应高于线下文化消费活动，这是因为线上文化消费活动不受时间与空间的限制，而线下文化消费则经常会受到时间、空间的限制，迪米克（2013：52-54）将这种现象解释为"满足机会"的差异，即线上文化消费活动可以在任何时间和地点进行，消费者参与线上文化消费活动的数量和时间会增多，因此线上文化消费活动具有更多满足受众的机会。

其次，子研究 2 同时考察了共存的两种文化消费模式，进一步讨论了线上文化消费与线下文化消费之间的补充或取代关系。在时间补充理论的指导下，子研究 2 通过回归分析检验了线上文化消费与线下文化消费之间的关系，研究结果显示，线上文化消费与线下文化消费的关系呈正相关，即公众参与线上文化消费活动的频率越高，则参与线下文化消费活动的频率越高；公众参与线下文化消费活动的频率越高，则依然热衷于参与线上的文化消费活动。这一研究结果证明了功能相等物之间的时间互补效应，与 Lee 和 Leung（2008）的"更多—更多"的补充效应具有一致性。

最后，子研究 2 考察了具体的文化消费清单之间的取代或互补关系。子研究 2 整合了较为全面的线上与线下文化消费活动清单，弥补了许多二手数据库仅仅以"上网"为线上文化消费的单一测量题项的不足，同时子研究 2 对线上与线下文化消费活动的共同关注和并行探究完全符合既有研究者的观点（李康化，2016；Gallistl & Nimrod，2020；Vacchiano & Bolano，2021）。子研究 2 以清单理论为理论依据，划分线上、线下文化消费清单，用来指代人们为了满足娱乐、审美、求知等需求，在日常生活中所选择的多元文化消费活动的集合和聚类。子研究 2 主要通过主成分因子分析绘制线上文化消费清单和线下文化消费清单，共划分了五种清单：①在场文化消费，如看纸质书、看纸质报纸或杂志、用电视机看电视等不受固定时间限制的大众媒介使用行为；②在地文化消费，这类文化消费活动强调"地点"或线下实体空间的重要性，以及这些活动对地点或线下实体空间的依附性，包括去现场看演唱会、戏剧、音乐会，去剧本杀、密室等线下沉浸体验馆，参观文化体验馆等；③在线视听消费，如在屏幕媒介上浏览短视频、看网络直播、听音乐、看电影、看网络综艺和电视剧；④云在场文化消费，如云观展、云演艺等；⑤IP 消费，包括玩网络游戏，看网络动漫、网络文学等。需要说明的是，本子研究涉及的文化消费产品涉及了文化同心圆理论的核心创意艺术圈层、其他核心文化产业圈层以及广泛文化产业圈层，也与我国文化及相关产业分类的文化核心领域息息相关。

研究结果发现，这五类具体的文化消费清单之间存在补充效应。具体而言，在地文化消费与在场文化消费、云在场文化消费、IP消费之间呈显著的正相关；在场文化消费能够显著正向预测在地文化消费、云在场文化消费、在线视听消费、IP消费；选择云在场文化消费类型的人更倾向于在地文化消费、在场文化消费、IP消费；在线视听消费与在场文化消费、IP消费呈显著正相关；倾向于IP消费的人会更偏好在地文化消费、在场文化消费、云在场文化消费、在线视听消费。研究结果呼应了"数实共生"的文化产业发展态势，有助于我们进一步理解线上文化产业与线下文化产业之间的补充效应。狭义的"数实共生"强调某一具体业态的数字形式与实体形式的共同存在、互为补充；广义的"数实共生"则指的是文化业态的大容器中所有数字文化业态与实体文化业态共同存在、相互补充。

在上述研究结果中，最值得注意的是，在地文化消费与云在场文化消费的互相补充效应最强，在本研究中我们考察的云在场是在地文化消费模式的数字化创新的文化产品，即其数字相等物。文化机构或文化产业使用数字文化内容补充实体空间的文化服务，如在线直播的演唱会就是现场演唱会的数字替代方案，在线展览为博物馆、艺术馆组织现场展览的数字替代方案，云演艺则是音乐剧、戏剧等剧场艺术的数字替代方案。云展览、云演艺、云旅游等都是2020年新冠疫情以来传统文旅机构尤其是实体文化产业的数字化转型的产品思路，许多博物馆、剧院通过网站、社交媒体账号进行文化产品或展品的数字化呈现。既有研究的实证结果也呈现了在地文化消费与云端消费之间的补充关系，并支持了这一研究结果，Mihelj等（2019）考察了实地参观博物馆、画廊和访问博物馆、画廊网站的关系，研究发现实地参观与访问博物馆、画廊网站的频率显著正相关，这意味着访问网站是对现场参观的一种补充而非取代。正如 Navarrete 和 Villaespesa（2020：231）在关于数字遗产消费的研究中所言：

> （在线）博物馆的内容可以脱离参观博物馆而被消费，就像一首歌曲可以独立于音乐厅的编排而被听到一样。

云端空间重新定义新型数字文化消费形式，打造满足用户休闲娱乐等需求的数字空间（冷淞，2020），这是一种正在补充实体空间体验的文化新业态。从本质上看，文化与科技的融合实现了两种产品形态的融合和时空构建的颠覆（李凤亮、古珍晶，2022），在地文化消费与云在场文化消费的互补在一定程度上解释了云在场文化消费并未替代线下实体空间的消费模式，反而弥补了实体产品在呈现、供给方式和空间层面的不足，数字技术为实现文化产业的数字化发展和满足人民群众的文化需求保驾护航。

此外，研究结果在一定程度上否定了在线视听消费与在地文化消费的补充作用，二者在实证分析中的相关系数不显著，这与以往研究的结果存在不一致性，Nguyen 等（2014）、Christensen（2022）的研究都证实了视频、音乐等线上流媒体服务对现场参加音乐会这一线下文化消费具有补充作用，刺激了消费者对线下文化消费的需求。与这两项研究的结果相反，本研究的结果显示在线视听消费与云在场文化消费没有相关关系，我们猜测，导致这一研究结果的原因是上述研究者的研究仅仅探究音乐的两种消费形态——线上听音乐与观看歌曲 MV、线下现场听音乐会，这些活动所消费的对象均为与"音乐"相关的文化产品与服务，而本研究所关注的数字视听内容消费和在地文化消费都不限于某一种特定的产品或服务，因此出现这一研究结果是能够解释的。在理论层面，子研究 2 从文化获得感的视角扩展了功能相等物在文化消费研究领域的研究边界，又有助于从实践层面理解线上文化消费与线下文化消费的互补关系，避免两种业态相互抑制和相互牵绊。

8.1.3　文化获得感的中介作用：文化消费与美好生活的新阐释

在既有研究中，学者们就文化消费与幸福感之间的解释机制进行了有益探索，如关系需求、阶层认同、社会资本（李光明、徐冬柠，2018；2019；Vacchiano & Bolano，2021），子研究 3 试图围绕文化获得感这一核心概念来解释文化消费与幸福感之间的关系，以此关切我国人民群众的文化消费与美好精神文化需要的关系。子研究 3 考察了线下与线上文化消费、文化获得感与幸福感之间的关系，并基于自行开展的数据部分验证了线下文化消费广度与强度对幸福感的直接预测效应，以及文化获得感在两类文化消费与幸福感之间的中介效应。

从直接效应的数据结果来看，与前人研究中关于总体文化消费正向预测幸福感的研究结果不同，子研究 3 以整合的视角检验了线上文化消费与线下文化消费对幸福感的预测作用，研究结果表明线下文化消费频率、杂食能够直接预测幸福感，线上文化消费不能直接预测幸福感，即线下文化消费越频繁和杂食程度越高，就越能够增加文化获得感与幸福感，这一研究结果更细致、全面地呈现了线上、线下两种文化消费模式与幸福感之间的关系。回顾既有研究，子研究 3 的研究发现与 Vacchiano 和 Bolano（2021）的研究结果具有一致性，他们的研究指出，浏览互联网与玩网络游戏不能降低青少年的心理困扰，但是去电影院看电影这种放松的线下文化消费会缓解他们的焦虑和压力情绪，提升他们的幸福感。本研究对这一结果的解释是因为线上文化消费行为已经在消费者身上产生了"享乐适应效应"，该理论指的是随着时间的推移，由积极事件或消极事件引发的积极情绪或消极情绪会回到一个相对稳定的状态，或者说回到情绪的基线水平（Diener et al.，2006），享乐适应效应可以解释为什么人们不会因为使用手机等移动设备而获得持续的、更高的幸福（Brooks，2018）。然而，热衷于频繁参与线下文化消费的人会具有较高的幸福感；参与线下文化消费活动的类型越多样，个体的幸福感越高，这一结论部分回应了 Etkin 和 Mogilner（2016）的观点，即线下文化消费的多样性才是我们日常生活的调味剂，且调味剂效应仅在线下文化消费中起作用。

线上文化消费不会让我们更快乐，一个主要的原因就是享乐适应效应的产生，因为线上文化消费需要在手机等移动设备上进行，此类移动设备已成为我们的日常用品，每个移动设备用户都已经习惯了线上文化消费，因此，我们已经适应了线上文化消费产品引发快乐、幸福等情绪的过程，幸福感水平稳定在"每天"这个频率所在的基准线上，保持稳定的状态。也就是说，线上文化消费的调味剂效应已经不再发挥"调味"的作用，长期频繁"食用"线上文化消费产品与服务，会让人失去新鲜感。研究数据表明，线上文化消费的总体频率显著高于线下文化消费。从线上和线下文化消费清单来看，人们在线上文化消费模式下参与三类消费活动的频率更高，其中选择"每天"参与线上文化消费活动的人比例相对较大。这一结果符合当下人们日常使用手机等移动设备的行为规律。尽管消费者线下文化消费的参与频率不高，但是线下文化消费能带给消费者提升幸福的新鲜感，如现场参加演唱会、参观展览、去图书馆、观看戏剧等，与本研究的结果一致。也有研究者指出，人们参与更多的线下艺术活动，如在线下读书、听音乐、在电影院看电影、看演唱会、去剧院、去博物馆、参观艺术街区和观展等，与更高的幸福感、社会联系和较低的孤独感相关（Tymoszuk et al., 2021）。研究者在数字博物馆与实体博物馆的对比研究中指出，现场参观者通常被视为享乐型消费者，而在线参观藏品更多地体现为一种功能性体验（Navarrete & Villaespesa, 2020）。亲身参观能够让观众沉浸于展品的陈列和文化场馆营造的独特氛围中，而云在场参观则仅能通过图片或视频欣赏展品，无法获得亲眼所见的快感。因此，与云在场参观相比，现场参观带来的幸福感更强。

从间接效应看，文化获得感在线上、线下文化消费与幸福感之间发挥着重要的中介作用，公众参与文化消费会借助间接路径提升幸福感，即文化消费频率与杂食通过引起文化获得感的变化而间接影响幸福感。换言之，频繁参与线上文化消费以及参与更丰富多样的线上文化消费活动能够获得文化获得感，进而提升消费者的幸福感；线下文化消费杂食和频率能够正向预测幸福感，部分原因是文化获得感的作用，公众参与线下文化消费的频率越高，得到的文化获得感会越高，进而拥有的幸福感越高。究其原因，获得满足理论是子研究 3 所关注的文化获得感的理论基础，即人们在使用文化消费产品与服务后的满足感，源自现实生活中的获得而产生的一种实实在在的感受。这是因为他们在文化产品与服务的高品质、内容易得性、体验感、文化供给氛围、社交等层面获得满足，这五个层面分别对应本研究所探究的获得文化品质、获得文化内容、获得文化体验、获得文化环境、获得文化共享等文化获得感的五个内在结构，这五个层面的满足会进一步提升个体幸福感，这与前人的研究结果相似（Kuykendall et al.，2020）。该研究结果进一步支持了文化消费选择、获得满足与幸福感之间的关系。此外，与有关获得感能预测幸福感的观点一致（谭旭运等，2020），文化获得感越高，公众对总体幸福感的评价越高。本研究构建了"文化消费—文化获得感—幸福感"的理论框架，其研究结果与林立菁等（2018）关于艺术活动参与、获得感与生活满意度的研究相呼应。尽管本研究中的"获得感"概念与林立菁等（2018）研究中的定义存在差异，但本研究通过更加聚焦的视角，以文化获得感这一变量深入解释了人们在精神文化生活中的实际满足感。

从整体上看，代际差异与文化消费具有显著关联，子研究 3 的研究结果解释了三个世代人群文化消费活动的差异，就线上文化消费和线下文化消费而言，Y 世代的参与强度和多样性都要高于 Z 世代和 X 世代，此研究结果与中国旅游研究院文化和旅游部数据中心发布的相关文化消费调查数据有重叠之处，官方数据显示年龄在 25—34 岁、35—44 岁这两个年龄段群体的文化消费时长要比其他年龄段群体的时长较长（张佳仪，2021），这两个年龄段与本研究所关注的 Y 世代的年龄相吻合。

这三个世代群体的共性在于，其线上文化消费的参与频率和杂食化程度显著高于线下文化消费，这一结果与子研究 3 基于总样本的分析一致，符合数字文化产业发展的供需逻辑。这一现象产生的原因在于，数字媒体为吸引新观众提供了重要途径（Mihelj et al.，2019），从而使更多社会群体受益，促进了公众对数字化文化资源的广泛参与。也有学者指出，消费者对文化产品的选择、需求与习惯具有"线上迁移"或"线上转移"的新特点（张胜冰、关卓伦，2020；张铮，2020；Radermecker，2021）。无论是在哪一世代中，通过手机、电脑等移动设备接触文化产品与服务的消费者人数每年都在持续增长。诚然，以数字内容呈现的文化产品可以让更多的消费者接触到或获得，尤其是 Z 世代这类新世代群体以及 X 世代这代数字移民群体。如今，文化消费活动已经被媒介化和数字化（Gallistl & Nimrod，2020），数字媒介提供了丰富多样的数字文化消费活动，线上场景成为弥补和延伸实体空间文化消费的新文化休闲空间，这与王天夫（2021：78）的观点一致，他认为数字媒介重塑了人们的生活方式，成为"人们日常娱乐创造数字文化的重要场所"。中国互联网络信息中心（CNNIC）发布的《第 51 次中国互联网络发展状况统计报告》显示，截至 2022 年 12 月，我国网民规模达 10.67 亿，大多数网民会通过屏幕媒介观看网络直播、听音乐、看网络小说等，这一切都能够方便地满足公众日常的文化休闲需求，Gallistl 和 Nimrod（2020）认为可以把这类在线参与的文化消费活动看作线下文化消费的"数字相等物"。

本研究还检验了世代差异对理论模型的调节作用。结果显示，在文化消费对文化获得感的预测中，未发现显著的代际差异。无论哪一代人，他们都能够通过参与文化消费活动来得到文化获得感，或者说三代人都可以从文化产品与服务中获得实际的满足感。尽管三代人在线上与线下文化消费活动的参与频率、杂食方面存在显著的差异性，但是在文化获得感的中介作用上不存在代际差异。这进一步表明本研究的理论框架在不同世代群体中具有普遍性，可以充分解释文化获得感这一核心变量对文化消费与美好生活议题的重要意义。

8.2 研究意义

8.2.1 理论意义

本研究在学理层面的研究意义主要体现在如下几个方面：

第一，从微观层面分析公众文化消费对幸福感的影响机制，丰富基于文化消费的传播效果研究，突破了既有研究从社会心理学角度考察文化消费与幸福感关系的传统研究思路，将影响机制这一研究问题置于国家政策层面所关注的文化建设问题和民生问题框架下，从而更好地理解人民群众在精神文化层面的美好生活需求。从政策文本中寻找适合的研究议题，剖析相关研究变量并探索相关变量之间的潜在联系，有助于深入分析文化消费与幸福感关系的内在机理。

第二，关注当下公民的美好生活感知——幸福感和文化获得感，尤其是对文化获得感的概念阐释与考察是本研究的主要创新点。本研究基于社会心理学、管理学、休闲学、消费者行为学等交叉学科理论，阐释了文化获得感的内涵，建构文化获得感的内在结构模型，创建和开发文化获得感量表，从而进一步搭建文化消费与文化获得感、幸福感之间的理论框架。关于文化获得感的测量是本研究的重要研究问题，通过借鉴既有研究中获得感的内在结构，本研究利用访谈法获得的经验材料，丰富了文化获得感的测量维度。本研究对获得感和文化获得感的关注有助于弥补文化消费研究在个体感知层面分析的不足，为后续研究提供有价值的测量工具和理论框架。

第三，提出线上线下的文化消费清单，系统地梳理和总结文化与科技融合、新业态新消费新模式背景下的文化消费活动，以此补足既有研究和相关数据机构所忽视的线下和线上多元化文化消费清单。本研究利用自行发布的数据对文化消费模式的变迁趋势进行总结，描绘不同世代群体在文化消费上的画像，为深入了解当下公众的文化消费现状、偏好和趋势提供新的研究思路。

8.2.2 现实意义

文化消费是一种生活方式，与公众的美好生活需要密不可分，因此，本研究也具有一定的现实关切。

第一，本研究贴近社会民生问题，关注共同富裕的美好愿景下人民群众追求精神富足的路径，关注公众从文化产品与服务中得到的"实实在在"的文化获得感与幸福感。一方面，文化获得感是人民群众从有关文化改革成果中的获得感，探究文化消费与文化获得感的关系将有利于政府和相关文化产业把握公众在精神文化生活中的实在获得和心理收益。另一方面，文化获得感是国家"五位一体"总体布局中文化建设的落脚点和关键词，探究文化消费与文化获得感的关系，有助于我们深刻了解当下公民的文化需求及其满足情况，把握不同群体的文化消费现状以及其对个体的影响效益，为文化产业的供给以及相关文化政策的制定奠定基础。

第二，本研究基于对文化消费与幸福感、文化获得感等相关模型的构建及其验证结果，从文化获得感的角度提出有效的策略和建议。本研究探究了当下数字文化消费与美好生活的关系，还在一定程度上凸显了文化产业社会以效益为先的宗旨，有利于指导政府部门制定数字文化惠民的相关政策，从根本上提升人民群众的需求满足感、幸福感和文化获得感；兼顾相关部门的需要，国家及相关文化主管部门可以考虑将文化获得感纳入判断和测量文化产业社会效益的新标准，依据文化获得感建立科学可行的测评制度，为促进文化产业健康发展提供合理的测评标准和评价体系，以及进一步完善文化产业的产业结构，确定发展方向。

第三，本研究从文化周期的参与和消费环节考察文化消费及其影响效应，对文化消费需求端的探索能从根本上给予供给端具有针对性的建议。文化周期形成的循环圈是一个流动的过程，牵一发而动全身，本研究通过对文化消费和文化参与的研究结果，希冀对创造、生产和制作、流通与传播、展示等环节上的文化产业提供有价值的建议。此外，本研究捕捉当下不同类型的文化消费市场主体关于数字文化消费的新动机、新需求和新偏好，有助于从需求侧的角度进一步优化文化消费供给、扩容提质；加强对不同世代的消费群体文化消费偏好和消费需求的研判，有助于文化产业适时调整产业结构和供给策略，防止"供需错位"；研究结果有利于为我国的文化产业供给侧结构性改革提出切实可行的建议和对策。

8.3 产业与政策启示

党的二十大报告明确指出，"人民精神文化生活更加丰富"是未来五年全面建设社会主义现代化国家开局起步阶段的目标任务之一，深刻反映了当前我国文化发展的时代要求。诚然，丰富人民精神文化生活，主要依靠文化产业及文化事业对多元文化产品和服务的可持续供给。文化产品及服务主要包括音乐、影视、游戏、动漫、书籍、表演等，公众对它们的参与、购买或使用过程被称为文化消费，诸如，读书、看报、听音乐、看电影、参观博物馆、玩网络游戏等，这些行为正凸显了"文化消费趋于传媒文化消费"（欧阳友权，2009），甚至趋于网络传媒文化消费的观点。值得关注的是，文化消费与生活质量的关系是一个兼具学理意义和现实意义的议题。文化消费是衡量个体生活质量乃至一个国家民生福祉的关键要素，因此，公众的文化获得感是"人民精神文化生活更加丰富"应有之义。

就提升公众的文化获得感而言，线上与线下文化消费并非互相牵制的，而是共生的、互补的，这一结论为线上文化消费与线下文化消费的补充效应再添新佐证。尽管线上文化消费与线下文化消费均能提升消费者的文化获得感，并且满足公众在文化产品与服务易得性、高品质、体验性、社交性、文化氛围等多层面的需求，但研究结果从另一个侧面凸显了线上文化消费与线下文化消费的功能相等性。作为线下消费模式的数字替代品，线上文化消费打破了原本依靠实体空间而存在的消费业态，依靠手机、平板电脑等移动设备的便捷性，它具有随时连接、随时在线、随时消费的特点。本研究的数据分析结果表明，消费者实际消费强度层面的"补充效应"依旧成立，从总体上看，线上文化消费与线下文化消费是互为补充的，从五类文化消费清单的细分类目来看，二者仍然互为补充。

由此，对于文化产业和政策的第一点启示在于，实体与虚拟互为补充、数实共生，意味着线上与线下"两条腿走路"是传统文旅机构顺应数字媒介技术环境的必要手段。传统文旅机构的数字化转型是一个必然的趋势，应对这一趋势的两个策略为：一是鼓励实体文化机构主动拥抱云端发展策略，实现传统业态的数字化转型与文化产品及服务的数字化升级；二是加大对传统文旅机构数字化转型项目的扶持力度，支持培育新型数字化文化消费产品。

本研究证实了提高文化消费广度和杂食程度能够提升公众的文化获得感，而且经由文化获得感的中介路径能够提升幸福感。因此，对于文化产业和文化政策的第二点启示是，有必要重视公众的文化获得感，激发公众的文化消费意愿。文化获得感是人民群众实实在在的收获，文化获得感的提高有助于提升人民群众的获得感与幸福感水平，对满足人民群众美好生活需求以及"稳稳的""持续的"幸福需求具有重要意义。习近平总书记在全国宣传思想工作会议上提到了"文化获得感",他强调"要推动文化产业高质量发展,健全现代文化产业体系和市场体系,推动各类文化市场主体发展壮大,培育新型文化业态和文化消费模式,以高质量文化供给增强人们的文化获得感、幸福感"。可以将这一指示视为文化产业和文化政策努力的方向和目标。一者,文化获得感的出发点是人民群众的精神文化需求,它在本质上与文化产业的社会效益具有较强的关联,文化产业则将社会效益放在第一位,要对消费者提供的各种文化产品与服务承担社会责任,以及要对公众的精神文化需求与文化生活质量承担社会责任;再者,文化政策作为实现公共文化权益的保障,同时能够为公众文化获得感的实现保驾护航。近年来一系列文化政策对文化获得感、获得感、幸福感特别关注,这些文化政策的正式实施为满足人民群众美好生活需要以及实现人民群众精神生活共同富裕的远景目标奠定了基础。

本研究将文化获得感的内涵扩展为五个方面,即文化消费品易获得、高质量文化消费品可享受、文化体验可满足、文化共享可实现、文化供给可保障等,既包括人民群众对文化产品与服务的显性需求,又涉及精神文化层面的隐性需求。因此,对于文化产业和文化政策的第三点启示是,有必要重视公众的文化获得感的这五个方面,文化产业和文化政策制定者可以借助文化获得感的内涵来提升公众在文化消费过程中实实在在的获得,以下的几点建议可供参考。

首先,以"可及性"为出发点,丰富文化消费的供给方式,拓展和再造文化消费场景,提升文化消费体验。该建议的本质是提升文化产品及服务的"可及性",深度应用大数据、虚拟现实、增强现实、5G等技术,推动文化产品及服务的数字化生产、供给与消费,大力培育数字艺术(云观展、云游览、云演艺)、数字娱乐等数字文化业态,实现文化产品及服务的随手可及,以及文化消费活动的随时参与。研究发现文化消费频率、杂食是提升公众获得感、文化获得感与幸福感的来源，因此，要增强公众获得感与幸福感，需要围绕"可及性"来激发公众的文化消费意愿，促进公众获得感、文化获得感与幸福感的提升。

在获得文化内容层面，要加强文化产品与服务的便利性和可及性，满足人民群众基本的文化消费需求。在本研究中，线上文化消费对公众文化获得感的正向预测作用要高于线下文化消费，因此要促进和支持线下文旅产业的数字化转型，鼓励传统文旅机构积极拥抱数字化、网络化与智能化的发展逻辑，如本研究对线上与线下文化消费补充效应的检验，也要进一步共同推动线上、线下文化消费在提升公众文化获得感中的作用，线上与线下相互补充、相互带动，人民群众才能既可体验实体的文化空间，又可以通过屏幕媒介便捷地接触文化产品。

其次，以"高质量"为着力点，培育优质的文化产品及服务，让消费者获得优质的文化消费体验。大力推动文化消费的扩容提质增效，以社会主义核心价值观为核心，打造文化领域的精品力作，培育高质量、高品位、发展型的文化消费。目前，关乎文化产业高质量发展的标准尚未制定，亟需健全与完善高质量发展的评定体系。在获得文化品质层面，应积极转变文化产品供给的思路，以"扩容提质"为核心目标开发高质量的文化产品与服务，提高文化产品在制作、传播、展示和呈现过程中优质内容、创意内容的输出以及视听体验的升级，加大高质量、优质的文化产品与服务的供给力度。

再次，在获得文化环境层面，要改善文化消费环境和氛围，让人民群众有文化活动可参与、有文化服务可享受、有文化需求可满足，尤其是要推动公共文化服务在提升公众文化获得感中发挥作用，扩大公共文化服务的供给体系、完善公共文化服务的供给程序，鼓励与支持城乡公共图书馆、实体书店、文化展览馆的实体建设和数字化建设。

最后，从获得文化共享和获得文化体验两个层面得到的启示是，文化产品与服务本身就能满足人民群众的享乐、社交等心理层面的基本需求，在提供满足人民群众基本文化需求的产品和服务的基础上，文化产业需要为广大人民群众提供更多"发展型"的文化产品与服务。总之，高质量的、多样化的文化消费是满足人民群众美好生活需要的前提，以及实现人民群众精神生活共同富裕的必要环节。

本研究认为文化获得感也是公民实现文化权利的一种形式，仍需以"均衡性"为落脚点，保障公民文化权利的实现，扎实推进人民群众精神文化生活的共同富裕。本研究验证了主观阶层认同的调节效应，文化消费本身就是具有阶层区隔特征的活动，特别是文化消费的数字化需要减缓数字不平等问题值得业界关注。由于城乡居民、世代群体之间的文化消费不均衡，文化政策制定者需要重视文化消费不均衡、文化需求不能得到充分满足等现象，有必要为不同地区、人群制定有针对性的、匹配的文化获得感提升政策，让文化真正地惠民、实实在在地惠民，保护不同地区、不同世代的人民群众平等地享有文化权益的权利，进一步保障他们的美好文化生活需求得到满足。

与此同时，文化获得感、获得感、幸福感已然成为文化消费结构升级的重要标志。通过文化产业经营策略以及相关文化政策来刺激公众的文化消费，提升他们的文化获得感与幸福感，并非利用消费主义的思路鼓励公众从强度和广度上对文化产品与服务进行过度消费、不加节制的消费。本研究使用文化消费强度（频率）和广度（杂食）两个维度来测量线上文化消费行为与线下文化消费行为，文化消费频率和杂食水平较高的人被Sullivan和Katz-Gerro（2007）称为"贪婪的文化消费者"，因此，我们需要防止公众对任何文化产品及服务的"贪婪"获取行为，要从文化产品的品质化、多样化以及对传统文化的传播等层面，打造文化艺术享受的氛围，从而为巩固我国的文化自信、提升国民文化获得感和福祉奠定基础。

第 9 章

结　语

CHAPTER 9

文化数字化战略下
公众文化获得感研究

从文化政策视角关注文化消费与美好生活的关系，是本研究的初衷。本研究选取与美好生活密切相关的两个关键变量——文化获得感与幸福感，试图考察文化消费与文化获得感、幸福感的关系。在本书中，文化获得感与幸福感是两个不可或缺的、与美好生活息息相关的解释概念，二者充当着不同的角色，文化获得感是本研究的出发点，亦是本研究的核心变量，幸福感是本研究探讨文化消费的归宿。本研究对文化消费的观测并非围绕单一变量，而是采取线上与线下整合、强度与广度整合的双重视角，考察文化消费与文化获得感、幸福感之间的内在关联。本研究的贡献体现在：以获得满足为理论支撑，编制了公众文化获得感量表；从文化获得感的视角提供了一个分析线上文化消费与线下文化消费补充效应与取代效应的研究路径，呼应了当下"数实共生"的文化产业结构；剖析了文化消费与幸福感之间的中介机制，验证了文化获得感在文化消费与幸福感关系之间的中介作用。本研究的创新性与局限性将在下文详细阐述。

9.1　研究创新性

从中国本土化的研究视角出发，探索性分析文化消费与以"美好生活"

为核心的生活质量之关系，丰富且拓展了文化消费的研究视野和研究思路。本书将宏观政策与微观个体文化消费行为连接起来，与文化政策中有关文化消费与文化获得感、幸福感等关键词形成现实与研究的对话，该研究为文化政策话语中人民群众文化获得感、幸福感等相关阐述找到了实证研究的解释。文化获得感强调个体实实在在的获得，本研究分别从社会心理学与新闻传播学找到了支撑文化消费与文化获得感、幸福感关系的理论框架，编制了文化获得感量表，具有学理价值和实践价值。线下、线上文化消费交织的生活方式是公众精神文化生活的体现，本书将研究视线转向需求端，以一种整体的和系统的视角去探究我国公众线上与线下文化消费清单，并且搭建线下、线上文化消费对文化获得感、幸福感促进作用的理论路径。本书的具体创新点阐述如下。

（1）本书的一个创新点在于文化获得感的内涵诠释和量表编制，增强了使用与满足理论的"获得满足"观点在文化消费研究中的解释力。文化获得感作为获得感的扩展概念与内容之一，在既有研究中未得到充分关注。本书从新闻传播学领域中找到了一个具有学科属性的解释理论，即使用与满足理论中的获得满足观点，与获得感所体现的"实实在在"获得的理念相一致。在该观点的基础上，本研究对文化获得感的概念化定义与操作化定义进行了明确的界定，结合质化和量化研究方法，发展出一个五维度的文化获得感测量工具，包括获得文化内容、获得文化环境、获得文化体验、获得文化品质、获得文化共享等五个内容结构。该量表的建构进一步丰富了文化消费研究或者公共文化服务研究的解释路径，体现了文化产品与服务的易得性，以及消费者对其质量、社交、满足、氛围等层面的主观感受，有助于我们从多个侧面理解文化获得感的丰富内涵与内在结构，为后续关于文化获得感的量化研究提供了清晰的测量工具。该量表的开发和编制也具有实践层面的创新性，一方面，我们可以将文化获得感视为公众美好精神文化生活的反映，从而为公众精神文化生活质量的评定提供参考依据；另一方面可以将其视为文化产业实现社会效益所追求的新目标和驱动力，为指导文化产业健康发展和公共文化服务均等化发展提供新方向。

（2）媒介清单和休闲清单的研究路径对于本研究理解当下的文化消费活动富有启发意义，基于此，本书呈现了线上—线下文化消费模式的五类文化消费清单，进一步细化了文化消费类型，这是本研究的另一个创新点之一。具体而言，本书将清单的概念运用到我国文化消费研究中来，并将文化消费划分为线上、线下两种文化消费模式，把文化消费清单分为五种类型：①线下在场文化消费；②线下在地文化消费；③在线视听消费；④线上云在场消费；⑤线上IP消费。本书对文化消费清单的划分更符合或更接近我国新冠疫情后日益常态化的文化消费供给环境，契合新技术背景下文化新业态的发展趋向和公众的文化新需求。线上线下文化消费清单的分类和确立，弥补了国内现有文化消费研究对文化新业态下文化消费类型讨论的不足，在清单理论的指导下，描摹线上文化消费与线下文化消费构成的总体文化生态，从而勾勒出一幅数字场景与实体场景交织而成的文化消费活动图谱。

（3）借助本研究开发出来的新量表，结合获得满足、取代和补充理论，以提升文化获得感为参与文化消费活动的结果变量，探究了线上文化消费频率与线下文化消费频率对文化获得感及其五个维度的作用。研究结果揭示了线上文化消费是线下文化消费的功能替代品，因为二者具有共同的功能指向，即都可以提升公众的文化获得感，然而线上文化消费对文化获得感的正向预测作用更强，说明线上文化消费对线下文化消费的功能替代的可能性较大，研究结果与迪米克（2013）利基理论中优越性与满足机会的观点一致。本研究进一步检验了文化新业态的背景下，两种文化消费模式、五类文化消费清单之间的补充或替代作用，研究结果显示，从整体上看，线上文化消费与线下文化消费的关系为补充关系；在消费清单层面，在地文化消费与在场文化消费、云在场文化消费、IP消费之间的时间补充效应显著，在场文化消费能够补充在地文化消费、云在场文化消费、在线视听消费、IP消费，云在场文化消费可以补充在地文化消费、在场文化消费、IP消费，在线视听消费可以补充在场文化消费、IP消费，IP消费可以补充在地文化消费、在场文化消费、云在场文化消费、在线视听消费，这些研究结果清晰地呈现了不同文化消费清单之间的补充关系，与Lee和Leung（2008）"更多—多更"的观点一致。该结论进一步拓展了取代与补充效应在文化消费研究领域的适用性，解释了文化产业新业态中出现的新文化消费形式对传统的、旧有的线下文化消费活动的补充效应，而非替代效应，如云观展、云演出等云在场文化消费对在博物馆与艺术馆看展、在剧院看戏剧与音乐会等在地文化消费的补充效应。这一结论肯定了我国文化产业线下与线上并行发展的决定，尤其是对基于实体空间的传统文旅机构来说，数字化转型是实现数字化生存的、必要且重要的可持续发展方案。

（4）虽然文化获得感一词来源于我国社会转型期的政策文本，但是它在学理层面的研究价值已经被社会心理学研究者发现和挖掘，本书的第四个创新点在于通过文化获得感这一关键词来建构理论框架和研究路径，实证检验了文化消费→文化获得感→幸福感的路径。从文化获得感的新视角解释文化消费与幸福感之间的关系，有助于我们更好地理解文化消费与美好生活的关系。研究结论分别揭示了两种文化消费模式在参与深度与广度层面与幸福感的直接效应与间接效应，阐释了文化获得感在两种文化消费模式的杂食、频率与幸福感之间的中介作用。无论是在参与广度还是强度上，两种文化消费模式对文化获得感、幸福感均有正向的预测作用。本研究从我国社会转型背景下的美好生活感知角度，呈现了文化获得感对线上、线下文化消费广度和强度向幸福感迈进发挥了正向"催化""驱动"和"增强"效应，厘清了文化获得感是解释文化消费与幸福感之间关系的重要机制。此外，本研究对比了不同世代群体之间的文化消费参与方式，并基于同期群理论，进一步考察了理论模型在Z世代、Y世代、X世代群体中的普

遍性解释，研究结论进一步证实了文化获得感在不同世代群体文化消费参
与提升生活质量的作用，并立足于文化获得感的重要性，阐述了线上、线
下文化消费参与频率与杂食对Z世代、Y世代、X世代群体的文化获得感"增
强"效应，说明了三个世代群体的文化消费参与行为能够通过文化获得感
提升进而提升个体在幸福感层面的心理收益。

9.2　研究局限与展望

本研究通过实证研究方法考察了文化消费与美好生活感知之间的关系，
搭建了"文化消费—文化获得感—幸福感"理论框架，开发了公众文化获
得感的测量工具，从消费频率和消费广度层面，对线上文化消费、线下文
化消费与文化获得感、幸福感之间的关系进行了研究，验证了理论框架的
适用性以及在不同世代群体之间的普遍性，研究结果具有一定的价值，但
是仍然存在着一定的局限性。

第一，本研究所采用自行开展的数据均为截面数据。截面数据的使用
则面临无法推断核心变量之间因果关系的问题、内生性等问题。未来研究
可采用日记法和纵向研究结合的方法，克服截面数据本身的一些潜在问题。
同时，在控制变量的选择上，本研究控制了性别、受教育程度等人口学变
量，然而，仍然存在其他影响研究结果的变量。因此，今后研究可考虑收
入水平、物质消费等变量。

第二，本研究找到了关于文化消费频率、杂食对幸福感的增强路径，
即通过文化获得感来连接两者。然而，从一个相反的角度来看，在什么情
况下文化消费会削弱文化获得感、幸福感，这也是后续研究值得关注的一
个方向，即从抑制路径来探寻文化消费、文化获得感与幸福感之间的关系，

可以考虑的变量诸如过度消费文化产品与服务、文化消费活动成瘾等问题性文化消费产品使用等。

第三，本研究编制的公众文化获得感量表，为今后在数字文化产业、公共文化服务等领域探究公众的文化获得感提供了一个较为有效的测量工具，以便后续学者能够更好地开展文化获得感的相关研究。但是，本研究所编制的文化获得感量表仍需大样本进行多阶段的复测，在内容结构层面也需要后续研究的进一步补充和完善，未来研究可以进一步对文化获得感量表的研究进行扩展，检验文化获得感在不同性别、年龄层面的等值性。

第四，本研究从同期群理论出发，关注到了X、Y、Z世代三类文化消费群体，今后研究可采用潜在类别分析或潜在变量分析观测文化产品类别组合层面的消费者类型。此外，虽然本研究发布了两轮问卷，但是从样本量上看，问卷数量仍然较少，在未来可以使用更大的异质性样本来检验理论模型在世代之间的差异性。后续研究也可以关注不同消费主体的文化消费、文化获得感与幸福感的关系，如老年人为主体的"银发一族"、视障群体、农民等值得关注的人群，这些都是一些未来有待探索的领域，这一研究思路可以增强文化消费研究的人文关怀。

参考文献

一、中文文献

Flew T，卢嘉杰. 数字社交媒体与文化创意产业[J]. 深圳大学学报（人文社会科学版），2018，35（1）：64-71.

巴莫曲布嫫. 在口头传统与书写文化之间的史诗演述人——基于个案研究的民族志写作[J]. 北京师范大学学报（社会科学版），2008（1）：74-84.

布尔迪厄. 区分：判断力的社会批判[M]. 刘晖，译. 北京：商务印书馆，2015.

曹俊文. 精神文化消费统计指标体系的探讨[J]. 上海统计，2002（4）：42-43.

曹现强，李烁. 获得感的时代内涵与国外经验借鉴[J]. 人民论坛·学术前沿，2017（2）：18-28.

陈波. "文化空间获得感"及其发展向度[J]. 人民论坛，2020（17）：132-133.

陈丹引. 数字获得感：基于数字能力和数字使用的青年发展[J]. 中国青年研究，2021（8）：50-57，84.

陈庚，崔宛. 乡村振兴中的农村居民公共文化参与：特征、影响及其优化——基于25省84个行政村的调查研究[J]. 江汉论坛，2018（11）：153-160.

陈世香，曾鸣. 农村居民互联网使用对文化消费的影响及作用机制[J]. 首都经济贸易大学学报，2021（3）：75-85.

陈向明. 质的研究方法与社会科学研究[M]. 北京：教育科学出版社，2000.

陈忆宁，罗文辉，魏然，等. 手机使用动机与手机新闻收视的关联性研究：上海、香港、台北与新加坡的比较分析[J]. 传播与社会学刊（香港），2014（27）：207-237.

陈宇翔，李怡. 数字文化产业发展的"双重使命"：逻辑、挑战与路径[J]. 南京社会科学，2021（5）：169-176.

陈云松，张翼，贺光烨. 中国公众的获得感——指标构建、时空变迁和宏观机制[J]. 中国浦东干部学院学报，2020（2）：110-123.

成会君，李拓键，徐阳. 体育公共服务对农民健身获得感的影响机制研究——兼论均等化认知的中介效应[J]. 沈阳体育学院学报，2021（4）：50-58.

崔保国，陈媛媛. 传媒新趋势与激荡的20年[J]. 传媒，2021（19）：12-16.

崔迪，吴舫. 算法推送新闻的知识效果——以今日头条为例[J]. 新闻记者，2019（2）：30-36.

戴元光，邱宝林. 当代文化消费与先进文化发展[M]. 上海人民出版社，2009.

德维利斯. 量表编制：理论与应用[M]. 魏勇刚，席仲恩，龙长权，译. 重庆：重庆大学出版社，2010.

邓向阳. 媒介经济学[M]. 长沙：湖南大学出版社，2006.

迪米克. 媒介竞争与共存：生态位理论[M]. 王春枝，译. 北京：清华大学出版社，2013.

丁元竹.让居民拥有获得感必须打通最后一公里——新时期社区治理创新的实践路径[J]. 国家治理，2016（2）：18-23.

董红兵，何志武. 获得感理念下公共政策对网络民意的回应[J]. 青年记者，2021（2）：25-26.

董洪杰，谭旭运，豆雪姣，等. 中国人获得感的结构研究[J]. 心理学探新，2019（5）：468-473.

凡勃伦. 有闲阶级论：关于制度的经济研究[M]. 蔡受百，译. 北京：商务印书馆，2009.

范周.时代变迁下的中国文化消费[M]. 北京：商务印书馆，2019.

范周，林一民. 消费回补与市场重塑：后疫情时期的文化消费趋势探析[J]. 艺术评论，2020（5）：33-43.

方军. 中国新兴中产家庭中的视觉艺术——职业地位群体、抽象艺术与自我呈现[J]. 社会学研究，2018（5）：66-92，243-244.

封铁英，刘嫄. 数字时代互联网使用对老年人主观阶层认同的影响研究[J]. 西安交通大学学报（社会科学版），2022（2）：122-131.

风笑天. 现代社会调查方法[M]. 武汉：华中理工大学出版社，1996.

冯帅帅，罗教讲. 中国居民获得感影响因素研究——基于经济激励、国家供给与个体特质的视角[J]. 贵州师范大学学报（社会科学版），2018（3）：35-44.

弗卢. 理解全球媒介[M]. 李欣，译. 杭州：浙江大学出版社，2018.

傅才武，侯雪言. 文化资本对居民文化消费行为的影响研究——基于"线上"和"线下"两类文化消费群体的比较[J]. 艺术百家，2017（5）：39-46.

高莉莉. 中国文化消费水平提升问题研究[M]. 北京：经济科学出版社. 2019.

葛进平，方建移.受众准社会交往量表编制与检验[J]. 新闻界，2010（6）：10-11，15.

顾江，王文姬. 科技创新、文化产业集聚对城镇居民文化消费的影响机制及效应[J]. 深圳大学学报（人文社会科学版），2021（4）：47-55.

桂河清，孙豪. 城乡教育差距如何影响文化消费不平衡[J]. 现代财经（天津财经大学学报），2021（5）：68-82.

郭鸿雁，李雅丽. 新型文化业态发展研究[M]. 北京：社会科学文献出版社，2021.

国家统计局. 文化及相关产业分类（2018）[EB/OL].（2018-05-09）[2021-08-23]. http://www.stats.gov.cn/tjsj/tjbz/201805/t20180509_1598314.html.

国家统计局. 人民生活[EB/OL].（2019-12-02）[2022-02-23]. http://www.stats.gov.cn/tjsj/zbjs/201912/t20191202_1713055.html.

国家统计局. 2020年上半年居民收入和消费支出情况 [EB/OL]. (2020-07-16)[2023-08-10]. https://www.stats.gov.cn/sj/zxfb/202302/t20230203_1900786.html.

哈灵顿. 艺术与社会理论——美学中的社会学论争[M]. 周计武，周雪娉，译. 南京：南京大学出版社，2010.

郝挺雷，李有文. 新基建赋能文化产业高质量发展研究：机制、挑战与对策[J]. 福建论坛（人文社会科学版），2021（4）：41-51.

何威，曹书乐，丁妮，等. 工作、福祉与获得感：短视频平台上的创意劳动者研究[J]. 新闻与传播研究，2020（6）：39-57，126-127.

何昀，谢迟，毛中根. 文化消费质量：内涵刻画、描述性评价与现状测度[J]. 财经理论与实践，2016（5）：115-120.

胡安宁. 文化资本研究：中国语境下的再思考[J]. 社会科学，2017（1）：64-71.

胡惠林. 文化经济学[M]. 北京：清华大学出版社，2014.

胡秀丽. 谈文化消费的社会意义[J]. 中共青岛市委党校（青岛行政学院学报），2008（5）：13-15.

胡璇，孙怡. 一文读懂数字文化消费9大新趋势[EB/OL].（2020-09-29）[2021-08-23]. https://baijiahao.baidu.com/s?id=1679154800628197411&wfr=spider&for=pc.

胡月琴，甘怡群. 青少年心理韧性量表的编制和效度验证[J]. 心理学报，2008，（8）：902-912.

黄永林. 数字文化产业发展的多维关系与时代特征[J]. 人民论坛·学术前沿，2020a（17）：22-29.

黄永林. 中国文化产业发展论纲[M]. 武汉：华中师范大学出版社，2020b.

霍克海默，阿多诺. 启蒙辩证法：哲学断片[M]. 渠敬东，曹卫东，译. 上海：上海人民出版社，2020.

冀慧珍. 获得感：少数民族流动人口城市融入的标尺[J]. 西南民族大学学报（人文社
　　会科学版），2021（2）：40-47.

贾小玫，文启湘. 文化消费：国民实现幸福的上佳途径[J]. 消费经济，2007（5）：
　　3-5，27.

贾旭东. 高品质生活视域下的文化消费——基于居民消费支出的考察[J]. 山东社会科
　　学，2022（2）：76-83，92.

江小涓. 数字时代的技术与文化[J]. 中国社会科学，2021（8）：4-34，204.

柯惠新，王锡苓，王宁. 传播研究方法[M]. 北京：中国传媒大学出版社，2010.

孔德永，韩园园. 新时代农民文化获得感的生成逻辑与实现机制[J]. 学习论坛，2021
　　（4）：99-105.

快手大数据研究院.《2020快手年度内容报告》[EB/OL].（2021-02-17）[2024-12-
　　09]. https://baijiahao.baidu.com/s?id=1691925539094794440&wfr=spider&for=pc

冷淞. "人间烟火"的景象迁移与"现实图景"的双向建构——新冠肺炎疫情下短
　　视频与拟态环境重构[J]. 新闻与传播研究，2020（9）：111-125，128.

李斌，张贵生. 居住空间与公共服务差异化：城市居民公共服务获得感研究[J]. 理论
　　学刊，2018（1）：99-108.

李凤亮，宗祖盼. 文化与科技融合创新：模式与类型[J]. 山东大学学报（哲学社会科
　　学版），2016（1）：34-42.

李凤亮，古珍晶. 我国博物馆文化新业态的产业特征与发展趋势[J]. 山东大学学报
　　（哲学社会科学版），2022（1）：96-106.

李光明，徐冬柠. 文化消费对新市民主观幸福感的影响机理研究——基于CGSS2015
　　的数据分析[J]. 兰州学刊，2018（12）：158-168.

李光明，徐冬柠. 文化消费对新市民主观幸福感的影响[J]. 城市问题，2019（6）：
　　4-13.

李剑欣，张占平. 中国文化消费区域差异研究[M]. 北京：中国社会科学出版社，
　　2016.

李康化. 在销售的文化[M]. 上海：上海交通大学出版社，2016.

李鹏，柏维春. 人民获得感对政府信任的影响研究[J]. 行政论坛，2019（4）：75-81.

李世晖. 文化经济与日本内容产业：动画、漫画与游戏的炼金术[M]. 台北：智胜文
　　化事业有限公司，2018.

李小文，陈冬雪. 有序概率回归模型下的城乡居民文化消费与幸福感关系研究——基于2013年CGSS调查数据[J]. 广西社会科学，2016（9）：165-168.

李玉水，韩雅清，王苑枚. 健康中国建设背景下医疗服务获得感的影响因素——基于福州市居民的问卷调查分析[J]. 福建江夏学院学报，2021（1）：8-17.

李志兰. 基于微观视角的文化消费问题研究——以河南为例[M]. 北京：经济管理出版社，2018.

李志兰. 人口特征与互联网文化消费决策：基于两部分模型[J]. 消费经济，2019（2）：43-50.

厉以宁. 文化经济学[M]. 北京：商务印书馆，2018.

联合国大会. 经济、社会、文化权利国际公约 [EB/OL]. (1966–12–16)[2023–4–15]. https://www.humanrights.cn/1966/12/16/0cd4fca6b1f244f8af2140aeacf7ee94.html.

廖福崇. 公共服务质量与公民获得感——基于CFPS面板数据的统计分析[J]. 重庆社会科学，2020（2）：115-128.

林立菁，李嘉文，洪煌佳，等. 民众艺文活动参与、获得感对生活满意影响之研究[J]. 休闲与社会研究，2018（17）：75–084.

刘能. 当代中国人的生活方式：多维度的解析[J]. 广西民族学院学报（哲学社会科学版），2003（4）：29-37.

鲁宾. 媒介效果研究中的使用与满足论[M]//布莱恩特，兹尔曼. 媒介效果：理论与研究前沿. 石义彬，彭彪，译. 北京：华夏出版社，2009.

陆朦朦. 跨媒介消费：融合情境下基于IP连接的受众迁移研究[J]. 出版发行研究，2021（2）：42-48.

罗胜强，姜嬿. 管理学问卷调查研究方法[M]. 重庆：重庆大学出版社，2014.

吕小康，黄妍. 如何测量"获得感"？——以中国社会状况综合调查（CSS）数据为例[J]. 西北师大学报（社会科学版），2018（5）：46-52.

吕小康，孙思扬. 获得感的生成机制：个人发展与社会公平的双路径[J]. 西北师大学报（社会科学版），2021（4）：92-99.

江畅. 新时代中国幸福观[M]. 北京：新华出版社，2021.

罗茜. 文化消费行为的城乡差异及其对主观幸福感的影响——基于CGSS 2012数据的实证研究[J]. 文化产业研究，2018（1）：54-69.

马斯洛. 动机与人格：关于人性的权威解读[M]. 刘晓丹，译. 北京：团结出版社，2021.

马志浩，葛进平，周翔. 网络直播用户的持续使用行为及主观幸福感——基于期望确认模型及准社会关系的理论视角[J]. 新闻与传播评论，2020（2）：29-46.

毛文思. 数字文化创意视野下出版业转型融合路径思考[J]. 出版发行研究，2020（5）：38-45.

麦奎尔. 麦奎尔大众传播理论[M]. 崔保国，李琨，译. 北京：清华大学出版社，2010.

麦休尼斯. 社会学经典入门[M]. 风笑天，等译. 北京：中国人民大学出版社，2019.

梅正午，孙玉栋，丁鹏程. 公共服务供给水平对居民获得感影响研究[J]. 价格理论与实践，2019（5）：141-144.

莫利，张道建. 媒介理论、文化消费与技术变化[J]. 文艺研究，2011（4）：99-106.

聂伟，蔡培鹏. 让城市对青年发展更友好：社会质量对青年获得感的影响研究[J]. 中国青年研究，2021（3）：53-60，119.

欧阳友权. 网络传媒艺术的文化消费性[J]. 湖南社会科学，2009（5）：134-135.

潘建红，杨利利. 习近平"人民获得感思想"的逻辑与实践指向[J]. 学习与实践，2018（2）：5-12.

潘忠党，於红梅. 互联网使用对传统媒体的冲击：从使用与评价切入[J]. 新闻大学，2010（2）：4-13.

彭文波，吴霞，谭小莉. 获得感：概念、机制与统计测量[J]. 重庆师范大学学报（社会科学版），2020（2）：92-100.

塞利格曼. 真实的幸福[M]. 洪兰，译. 杭州：浙江教育出版社，2020.

邵雅利. 新时代人民主观获得感的指标构建与影响因素分析[J]. 新疆社会科学，2019（4）：139-147.

施涛. 文化消费的特点和规律探析[J]. 广西社会科学，1993（3）：95-98，101.

石晶. 新的美好生活，新的感受期盼——当前公众获得感幸福感安全感状况及影响因素调查报告[J]. 国家治理，2017（44）：15-36.

史鹏飞. 从社会心理学视角看获得感[J]. 人民论坛，2020（Z1）：108-109.

史都瑞. 文化消费与日常生活[M]. 张君玫，译. 台北：巨流图书有限公司，2001.

思罗斯比. 经济学与文化[M]. 王志标，张峥嵘，译. 北京：中国人民大学出版社，2015.

斯道雷. 文化理论与大众文化导论[M]. 常江，译. 北京：北京大学出版社，2019.

苏志平，徐淳厚. 消费经济学[M]. 北京：中国财政经济出版社，1997.

谭旭运，张若玉，董洪杰，等. 青年人获得感现状及其影响因素[J]. 中国青年研究，

2018（10）：49-57.

谭旭运，董洪杰，张跃，等. 获得感的概念内涵、结构及其对生活满意度的影响[J]. 社会学研究，2020（5）：195-217，246.

谭延博，吴宗杰. 山东省城镇居民文化消费结构探析[J]. 山东理工大学学报（社会科学版），2010（2）：20-23.

唐亚林，朱春. 文化治理的逻辑：城乡文化一体化发展的理论与实践[M]. 上海：复旦大学出版社，2021.

陶斯. 文化经济学[M]. 周正兵，译. 大连：东北财经大学出版社，2016.

童世骏，文军，等. 我们时代的精神文化生活[M]. 上海：上海人民出版社，2019.

王馥芸，李志强，秦启文. 中国成年人自省问卷编制[J]. 中国临床心理学杂志，2020（3）：465-470.

王建磊. 短视频消费体验的复杂感受及其影响因素[J]. 新闻与传播评论，2021（3）：24-33.

王俊秀. 不同主观社会阶层的社会心态[J]. 江苏社会科学，2018（1）：24-33.

王俊秀，刘晓柳. 现状、变化和相互关系：安全感、获得感与幸福感及其提升路径[J]. 江苏社会科学，2019（1）：41-49，258.

王俊秀，刘晓柳，谭旭运，等. 人民美好生活需要：内涵、体验与获得感[J]. 红旗文稿，2019（16）：15-17.

王乐乐，张兰霞，陈加洲，张卓. 员工敏捷行为研究：概念界定与量表开发[J]. 技术经济，2021（4）：133-139.

王宁. 音乐消费趣味的横向分享型扩散机制——基于85后大学（毕业）生的外国流行音乐消费的质性研究[J]. 山东社会科学，2017（10）：5-15.

王浦劬，季程远. 新时代国家治理的良政基准与善治标尺——人民获得感的意蕴和量度[J]. 中国行政管理，2018（1）：6-12.

王浦劬，季程远. 我国经济发展不平衡与社会稳定之间矛盾的化解机制分析——基于人民纵向获得感的诠释[J]. 政治学研究，2019（1）：63-76，127.

王天夫. 数字时代的社会变迁与社会研究[J]. 中国社会科学，2021（12）：73-88，200-201.

王恬，谭远发，付晓珊. 我国居民获得感的测量及其影响因素[J]. 财经科学，2018（9）：120-132.

王亚楠. 房价压力会刺激文化消费吗?[J]. 南方经济，2020（3）：40-52.

王岩，秦志龙. 满足人民美好精神文化生活新期待[J]. 红旗文稿，2018（18）：25-27.

威廉斯. 关键词：文化与社会的词汇[M]. 刘建基，译. 北京：三联书店，2016.

魏然. 新媒体研究的困境与未来发展方向. 传播与社会学刊，2015（31）：221–240.

文宏，刘志鹏. 人民获得感的时序比较——基于中国城乡社会治理数据的实证分析[J]. 社会科学，2018（3）：3-20.

吴敏，梁岚清. 社会公平因素对居民公共服务获得感的影响——以中国综合社会调查2015年度数据为基础[J]. 西南石油大学学报（社会科学版），2021（1）：30-36.

吴明隆. 问卷统计分析实务：SPSS操作与应用[M]. 重庆：重庆大学出版社，2010.

吴文汐，喻国明. 竞争还是共生：移动互联网对当前媒介格局的影响——基于媒介接触时间的研究[J]. 现代传播（中国传媒大学学报），2016（10）：1-7.

习近平. 习近平主持召开中央全面深化改革领导小组第十次会议 李克强等出席[EB/OL]. (2015-02-27)[2020-09-27]. https://www.gov.cn/xinwen/2015-02/27/content_2822649.htm.

习近平. 决胜全面建成小康社会 夺取新时代中国特色社会主义伟大胜利——在中国共产党第十九次全国代表大会上的报告. 人民日报，2017-10-28（1）.

习近平. 论党的宣传思想工作[M]. 北京：中央文献出版社，2020.

习近平. 扎实推动共同富裕[J]. 求是，2021（20）：4-8.

解学芳，臧志彭. 在"智能+"时代健全现代文化产业体系[N]. 中国社会科学报，2021-05-11（01）.

邢占军，牛千. 获得感：供需视阈下共享发展的新标杆[J]. 理论学刊，2017（5）：107-112.

熊猛，叶一舵. 相对剥夺感：概念、测量、影响因素及作用[J]. 心理科学进展，2016（3）：438-453.

熊文靓，王素芳. 公共文化服务的公众获得感测度与提升研究——以辽宁为例[J]. 图书馆论坛，2020（2）：45-55.

徐望. 论文化消费之于全面小康社会和现代化的意义[J]. 艺术百家，2015（S2）：14-18.

徐西良. 主观幸福感的影响因素研究——基于马斯洛需要层次理论的分析[J]. 心理医生月刊，2012（11）：22-23.

徐延辉，李志滨. 社会质量与城市居民的获得感研究[J]. 南开学报（哲学社会科学版），2021（4）：169-181.

徐延辉，刘彦. 社会分层视角下的城市居民获得感研究[J]. 社会科学辑刊，2021（2）：88-97，82.

许春晓，邱赢琦，刘鑫. 居民获得感对旅游开发支持意愿的影响——以湖南10个民族文化旅游小镇为例[J]. 旅游研究，2019（3）：21-35.

闫文捷，张军芳，朱烊枢. "高选择媒体环境"下的媒介素养及其社会影响——基于新冠疫情期间中国城市居民的问卷调查[J]. 新闻与写作，2020（8）：31-42.

阳义南. 民生公共服务的国民"获得感"：测量与解析——基于MIMIC模型的经验证据[J]. 公共行政评论，2018（5）：117-137，189.

杨海波，高兴民. 以高质量文化供给增强人民的获得感与幸福感[J]. 出版广角，2019（9）：17-20.

杨晓东，崔莉. 疫情防控形势下加快激发数字文化产业新动能[J]. 社会科学家，2020（1）：132-136.

叶胥，谢迟，毛中根. 中国居民民生获得感与民生满意度：测度及差异分析[J]. 数量经济技术经济研究，2018（10）：3-20.

尹世杰. 论精神消费力[J]. 经济研究，1994（10）：71-76.

於红梅. 数字媒体时代城市文化消费空间及其公共性——以苏州平江路为例[J]. 新闻与传播研究，2016（8）：30-48，126-127.

余民宁. 量表编制与发展[M]. 台北：心理出版社，2020.

于泽，朱学义. 基于熵权法的文化产业社会效益评价实证研究[J]. 出版科学，2014（3）：54-62.

余丽蓉. 论传媒产业在文化产业中的地位[J]. 学术界，2014（4）：101-108.

余樱，景奉杰，杨艳. 怎样花钱更幸福？购买类型对幸福感的影响[J]. 心理科学进展，2019（12）：2133-2140.

喻国明，杨颖兮，曲慧. 移动互联网使用的七度划分——媒介菜单的视角[J]. 西安交通大学学报（社会科学版），2020（4）：136-145.

於嘉，谢宇. 社会变迁与初婚影响因素的变化[J]. 社会学研究，2013（4）：1-25，242

原光，曹现强. 获得感提升导向下的基本公共服务供给：政策逻辑、关系模型与评价维度[J]. 理论探讨，2018（6）：50-55.

袁浩，陶田田. 互联网使用行为、家庭经济状况与获得感——一项基于上海的实证研究[J]. 社会发展研究，2019（3）：41-60，243.

詹金斯. 文本盗猎者：电视粉丝与参与式文化[M]. 郑熙青，译. 北京：北京大学出版社，2016.

张佳仪. 2021上半年全国文化消费数据报告[EB/OL]. https://card.weibo.com/article/m/show/id/2309404658234127418045.

张敏. 我国城乡居民文化消费比较研究——基于虚拟解释变量模型应用和消费升级视角[J]. 调研世界，2017（12）：33-36.

张鸣民，叶银娇，徐萍. 社交媒体感知价值的量表开发及验证[J]. 新闻与传播评论，2021（5）：28-42.

张胜冰，关卓伦. 突发公共事件下我国数字文化产业的新机遇与新挑战[J]. 出版广角，2020（6）：10-13.

张苏秋. 艺术参与对个体主观幸福感的影响研究——基于中国综合社会调查（CGSS 2015）的经验证据[J]. 暨南学报（哲学社会科学版），2020（6）：121-132.

张婷. 旅游健康发展文化消费赋能[N]. 中国文化报，2019-08-17（07）.

张卫伟. 论人民"获得感"的生成：逻辑规制、现实困境与破解之道——学习习近平关于人民获得感的重要论述[J]. 社会主义研究，2018（6）：8-15.

张晓瑾，关远. 关于城市外来务工人员与城市本地居民休闲生活的回归分析[J]. 人才资源开发，2015（16）：252-255.

张孝铭. 休闲消费者行为学[M]. 新北：华都文化事业有限公司，2013.

张晓明，胡慧林，章建刚. 文化蓝皮书——2001—2002年：中国文化产业发展报告[M]. 北京：社会科学文献出版社，2002.

张洋，鞠鹏. 习近平在全国宣传思想工作会议上强调举旗帜聚民心育新人兴文化展形象 更好完成新形势下宣传思想工作使命任务 王沪宁主持. 人民日报，2018-8-23（01）.

张云亮，冯珺，柳建坤. 社会学视角下的文化休闲消费研究[N]. 中国社会科学报，2020-06-24（A05）.

张铮. 新时代社会文化新需求分析[J]. 人民论坛，2020（20）：133-135.

张铮. 数字文化消费：体系与效应[M]. 北京：新华出版社，2021a.

张铮. 文化产业数字化战略的内涵与关键[J]. 人民论坛，2021b（26）：96-99.

张铮，陈雪薇. 文化消费在收入与主观幸福感关系中的中介作用及边界条件探究[J].

南京社会科学，2018（8）：149-156.

张铮，吴福仲. 从社会分层到文化消费分层：基于职业视角的考察[J]. 全球传媒学刊，2019（2）：129-146.

张仲芳，刘星. 参加基本医疗保险与民众的"获得感"——基于中国综合社会调查数据的实证分析[J]. 山东社会科学，2020（12）：147-152.

赵海英. 推动文化产业高质量发展（专题深思）[N]. 人民日报，2021-09-16（9）.

赵卫华. 消费视角下城乡居民获得感研究[J]. 北京工业大学学报（社会科学版），2018（4）：1-7.

郑风田，陈思宇. 获得感是社会发展最优衡量标准——兼评其与幸福感、包容性发展的区别与联系[J]. 人民论坛·学术前沿，2017（2）：6-17.

郑建君. 中国公民美好生活感知的测量与现状——兼论获得感、安全感与幸福感的关系[J]. 政治学研究，2020（6）：89-103，127-128.

钟方雷，李思锦. 城市居民户籍差异对文化消费的影响——基于中国综合社会调查数据的分析[J]. 消费经济，2021（1）：59-67.

钟晓钰，李铭尧，李凌艳. 问卷调查中被试不认真作答的控制与识别[J]. 心理科学进展，2021（2）：225-237.

钟智锦. 使用与满足：网络游戏动机及其对游戏行为的影响[J]. 国际新闻界，2010（10）：99-105.

周春平. 文化消费对居民主观幸福感影响的实证研究——来自江苏的证据[J]. 消费经济，2015（1）：46-51.

周海涛，张墨涵，罗炜. 我国民办高校学生获得感的调查与分析[J]. 高等教育研究，2016（9）：54-59.

周凯，杨婧言. 数字文化消费中的沉浸式传播研究——以数字化博物馆为例[J]. 江苏社会科学，2021（5）：213-220.

朱迪. 消费社会学研究的一个理论框架[J]. 国外社会科学，2012（2）：33-41.

朱迪. 高雅品味还是杂食？——特大城市居民文化区分实证研究[J]. 山东社会科学，2017（10）：35-43.

资树荣，张姣君. 文化消费活动提升了农村地区居民主观幸福感吗？——基于CGSS数据的实证分析[J]. 消费经济，2020（6）：56-65.

中共中央办公厅，国务院办公厅.《关于推进实施国家文化数字化战略的意见》[EB/OL].（2022-05-22）[2023-06-27]. https://www.gov.cn/zhengce/2022/05/22/

content_5691759.htm.

中国互联网络信息中心. 第51次中国互联网络发展状况统计报告[EB/OL].
（2023-03-02）[2023-06-27]. https://www.cnnic.net.cn/NMediaFile/2023/0322/
MAIN16794576367190GBA2HA1KQ.pdf.

中国旅游研究院. 2019上半年全国文化消费数据报告[EB/OL]. (2019-08-07)[2023-07-
02]. https://mp.weixin.qq.com/s/c3ZLFhzh3OuUyuV2YkSuBg.

二、英文文献

ABDEL-KHALEK A M. Measuring happiness with a single-item scale[J]. Social Behavior
and Personality, 2006, 34(2): 139-149.

ALBA J W, WILLIAMS E F. Pleasure principles: A review of research on hedonic
consumption[J]. Journal of Consumer Psychology, 2013, 23(1): 2-18.

ALLABY M, SHANNON C S. "I just want to keep in touch": Adolescents' experiences
with leisure-related smartphone use[J]. Journal of Leisure Research, 2020, 51(3):
245-263.

BAE M. Understanding the effect of the discrepancy between sought and obtained
gratification on social networking site users' satisfaction and continuance intention[J].
Computers in Human Behavior, 2018, 79: 137-153.

BANTZ C R. Exploring uses and gratifications: A comparison of reported uses of
television and reported uses of favorite program type[J]. Communication Research,
1982, 9: 352-379.

BARTON K M. Reality television programming and diverging gratifications: the influence
of content on gratifications obtained[J]. Journal of Broadcasting & Electronic Media,
2009, 53(3): 460-476.

BERELSON B. What missing the newspaper means[M]// LAZARSFELD P, STANTON F.
Communication research. New York: Harper & Row, 1949: 111-129.

BERTACCHINI E, BOLOGNESI V, VENTURINI A, et al. The happy cultural omnivore?
Exploring the relationship between cultural consumption patterns and subjective
well-being[J]. IZA Discussion Papers, 2021.

BERGKVIST L, ROSSITER J R. The predictive validity of multiple-item versus single-
item measures of the same constructs[J]. Journal of Marketing Research, 2007, 44(2):
175-184.

BLUMLER J G, KATZ E. The uses of mass communications: current perspectives on gratifications research[M]. Beverly Hills, CA: Sage, 1974.

BROOKS M. Why can't screens make us happy?[EB/OL]. https: //www.drmikebrooks. com/cant-screens-make-us-happy-2/. 2018-12-13.

BROWN T A. Confirmatory factor analysis for applied research[M]. New York: The Guilford Press, 2006.

CAMPBELL D T, FISKE D W. Convergent and discriminant validation by the multitrait-multimethod matrix[J]. Psychological Bulletin, 1959, 56(2): 81-105.

CHAN T, GOLDTHORPE J. Social status and cultural consumption[M]//CHAN T, GOLDTHORPE J. Social status and cultural consumption. Cambridge: University of Cambridge Press, 2010: 1-27.

CHAN-OLMSTED S, WANG R. Understanding podcast users: Consumption motives and behaviors[J]. New Media & Society, 2022. 24(3): 684-704.

China Daily. New types of online cultural consumption sparked by virus outbreak[EB/OL]. (2020-08-16)[2021-03-12]. http: //www.chinadaily.com.cn/a/202008/16/WS5f38cce4a310834817260948.html.

CHRISTENSEN F. Streaming stimulates the live concert industry: Evidence from YouTube[J]. International Journal of Industrial Organization, 2022, 85: 102873.

CAI X. Is the computer a functional alternative to traditional media?[J]. Communication Research Reports, 2004, 21(1): 26-38.

COLLINS R, GARNHAM N, LOCKSLEY G . The economics of television: The UK case[M]. London: Sage, 1988.

COULANGEON P. Social mobility and musical tastes: A reappraisal of the social meaning of taste eclecticism[J]. Poetics, 2015, 51: 54-68.

DAL CIN S, MUSTAFAJ M, NIELSEN K. Patterns of media use and leisure time among older adults[J]. New Media & Society, 2023, 25(9): 2359-2380.

DELEIRE T, KALIL A. Does consumption buy happiness? Evidence from the United States[J]. International Review of Economics, 2010, 57(2), 163-176.

DE WAAL E, SCHOENBACH K. News sites' position in the mediascape: Uses, evaluations and media displacement effects over time[J]. New Media & Society, 2010, 12(3): 477-496.

DIENER R, EMMONS R A, LARSEN R J, et al. The satisfaction with life scale[J]. Journal of Personality Assessment, 1985, 49 (1): 71-75.

DIENER E, EUNKOOK M S, RICHARD E et al. Subjective well-being: Three decades of progress[J]. Psychology Bulletin, 1999, 2: 276-294.

DIENER E, LUCAS R E, SCOLLON C N. Beyond the hedonic treadmill: Revising the adaptation theory of well-being[J]. American Psychologist, 2006, 61(4): 305-314.

DINIZ S C, MACHADO A F. Analysis of the consumption of artistic-cultural goods and services in Brazil[J]. Journal of Cultural Economics, 2011, 35(1): 1-18.

DIMMICK J, ALBARRAN A. The role of gratification opportunities in determining media preference[J]. Mass Communication review, 1994, 21: 223-235.

ECCLES J S, BARBER B L, STONE M, HUNTET J. Extracurricular activities and adolescent development[J]. Journal of Social Issues, 2003, 59(4): 865-889.

ETKIN J, MOGILNER C. Does variety among activities increase happiness?[J]. Journal of Consumer Research, 2016, 43(2): 210-229.

EVENS T, HENDERICKX A, DE MAREZ L. Generation stream: The audiovisual repertoire of teenagers[J]. Journal of Broadcasting & Electronic media, 2021, 65(2): 185-204.

FENG L, ZHONG H. Interrelationships and methods for improving university students' sense of gain, sense of security, and happiness.[J]. Frontiers in Psychology, 2021, 12: 729400.

FERGUSON D A, PERSE E M. The World Wide Web as a functional alternative to television[J]. Journal of Broadcasting & Electronic Media, 2000, 44(2): 155-174.

FESTINGER L. A theory of social comparison processes[J]. Human Relations, 1954, 7: 117-140.

FISHER A B. Perspectives on human communication[M]. New York: Macmillan. 1978.

FORNELL C, LARCKER D F. Structural equation models with unobservable variables and measurement error: Algebra and statistics[J]. Journal of Marketing Research, 1981(18): 382-388.

GALLETTA A. Mastering the semi-structured interview and beyond: From research design to analysis and publication[M]. New York University Press, New York. 2012.

GALLISTL V, NIMROD G. Media-based leisure and wellbeing: A study of older internet users[J]. Leisure Studies, 2020, 39(2): 251-265.

GASKINS B, JERIT J. Internet news: Is it a replacement for traditional media outlets?[J]. International Journal of Press-Politics, 2012, 17 (2) : 190-213.

GENOE R, KULCZYCKI C, MARSTON H, et al. E-Leisure and older adults findings from an international exploratory study[J]. Therapeutic Recreation Journal, 2018, 52(1): 1-18.

GILOVICH, T, KUMAR, A, JAMPOL, L. A wonderful life: Experiential consumption and the pursuit of happiness. Journal of Consumer Psychology, 2015, 25(1): 152-165.

GILOVICH T, GALLO I. Consumers' pursuit of material and experiential purchases: A review[J]. Consumer Psychology Review, 2020, 3(1): 20–33.

GONG Q, VERBOORD M, JANSSEN S. Cross-media usage repertoires and their political impacts: The case of China[J]. International Journal of Communication, 2020, 14: 3799-3818.

GREEN L. Understanding the life course: Sociological and psychological perspectives[M]. John Wiley & Sons, 2016.

GREENBERG B S. Gratifications of television viewing and their correlates for British children[M]//BLUMLER J G, KATZ E. The uses of mass communications: Current perspectives on gratifications research. Beverly Hills: Sage. 1974: 71-92.

GÜLER Y B. Values and hedonic consumption behavior: A field research in Kirikkale[J]. Asian Journal of Empirical Research, 2014, 4: 159-171.

GU Y, YANG Y, WANG J. Research on employee sense of gain: The development of scale and influence mechanism[J]. Frontiers in Psychology, 2020, 11: 568609.

HAIR J F, BLACK W C, BABIN B J, et al. Multivariate data analysis[M]. London: Cengage Learning EMEA, 2018.

HAYES, A. F. Introduction to mediation, moderation, and conditional process analysis: A regression-based approach[J]. Journal of Educational Measurement, 2013, 51(3): 335-337.

HEETER C. Program selection with abundance of choice[J]. Human Communication research, 1985, 12(1), 126-52.

HEETER C, D'ALESSIO D, GREENBERG B, et al. Cableviewing[C]//Proceedings of the annual meeting of the International Communication Association, Dallas, 1983.

HELLMANZIK C. Cultural economics[M]. Newcastle upon Tyne: Agenda Publishing. 2020.

HERZOG H. Professor quiz: a gratification study[M]//LAZARSFELD P F. Radio and printed page. New York: Duell, Sloano and Pearce, 1940: 64.

HIMMELWEIT H, OPPENHEIM A, VINCE P. Television and the child[M]. London: Oxford University Press, 1958.

HO S, LWIN M O, CHEN L, et al. Development and validation of a parental social media mediation scale across child and parent samples[J]. Internet Research, 2020, 30(2): 677-694.

HU L T, BENTLER P M. Cutoff criteria for fit indexes in covariance structure analysis: Conventional criteria versus new alternatives[J]. Structural Equation Modeling: A Multidisciplinary Journal, 1999, 3(4): 55-61.

HUTTER M. Creating artistic from economic value: Changing input prices and new art[M]// HUTTER M, THROSBY D, Beyond price: Value in culture, economics, and the arts. Cambridge: Cambridge University Press, 2008: 60-74.

HUSSAIN A, SHABIR G, TAIMOOR-UL-HASSAN. Cognitive needs and use of social media: A comparative study of gratifications sought and gratification obtained[J]. Information Discovery and Delivery, 2020, 48(2): 79-90.

ISO-AHOLA S E. The social psychology of leisure and recreation[M]. Dubuque: Wm. C. Brown Publishers, 1980.

JACKSON D L, GILLASPY J A, PURC-STEPHENSON R. Reporting practices in confirmatory factor analysis: An overview and some recommendations[J]. Psychological Methods, 2009, 14(1): 6-23.

JI S W, LEE J. Cultural dimensions of online vs. offline media competition: An application of niche theory[J]. Journal of Media Economics, 2020, 33(3-4): 31-48.

JIANG Q, LEUNG L. Lifestyles, gratifications sought, and narrative appeal: American and Korean TV drama viewing among Internet users in urban China[J]. International Communication Gazette, 2012, 74(2): 159-180.

JIANG S. The relationship between face-to-face and online patient-provider communication: Examining the moderating roles of patient trust and patient satisfaction.[J]. Health Communication, 2019: 1-9.

KALLIO H, PIETILA A-M, JOHNSON M, et al. Systematic methodological review:

Developing a framework for a qualitative semi-structured interview guide[J]. Journal of Advanced Nursing, 2016, 72(12): 2954-2965.

KATZ E, BLUMLER J G, GUREVITCH M. Uses and gratifications research[J]. Public Opinion Quarterly, 1973, 37(4): 508-523.

KATZ E, BLUMLER J G, GUREVITCH M. Utilization of mass communication by the individual[M]//BLUMLER J G, KATZ E, The uses of mass communications: current perspectives on gratifications research. Beverly Hills: Sage, 1974: 19-32.

KATZ-GERRO T, RAZ S, YAISH M. Class, status, and the intergenerational transmission of musical tastes in Israel[J]. Poetics, 2007, 35(2-3): 152-167.

KAYANY J M, YELSMA P. Displacement effects of online media in the socio-technical contexts of households[J]. Journal of Broadcasting & Electronic Media, 2000, 44(2): 215-229.

KAYE B K, JOHNSON T J. Online and in the know: Uses and gratifications of the web for political information[J]. Journal of Broadcasting & Electronic Media, 2002, 46(1): 54-71.

KEYES C L M, HAIDT J. Flourishing: Positive psychology and the life well lived[M]. Washington: American Psychological Association, 2003.

KIM S J. A repertoire approach to cross-platform media use behavior[J]. New Media & Society, 2016, 18(3): 353-372.

KRCMAR M. Uses and gratifications: basic concepts[M]//RÖSSLER P. The international encyclopedia of media effects. Malden: John Wiley and Sons, 2017: 1-13.

KRCMAR M, STRIZHAKOVA Y. Uses and gratifications as media choice[M]// HARTMANN T. Media choice: A theoretical and empirical overview. New York: Routledge, 2009: 53-69.

KUYKENDALL L, LEI X, ZHU Z, et al. Leisure choices and employee well-being: Comparing need fulfillment and well-being during TV and other leisure activities[J]. Applied Psychology-Health and Well being, 2020, 12(2): 532-558.

KWON S E, KIM Y T, SUH H-W, et al. Identifying the mobile application repertoire based on weighted formal concept analysis[J]. Expert Systems with Applications, 2021, 173: 114678.

LAM L W. Impact of competitiveness on salespeople's commitment and performance[J].

Journal of Business Research, 2012, 65(9): 1328-1334.

LEE H, HEO S. Arts and cultural activities and happiness: Evidence from Korea[J]. Applied Research in Quality of Life, 2021, 16(4): 1637-1651.

LEE J, LEE M, CHOI I H. Social network games uncovered: Motivations and their attitudinal and behavioral outcomes[J]. Cyberpsychology Behavior and Social Networking, 2012, 15(12): 643-648.

LEE K J, CHO S, KIM E K, et al. Do more leisure time and leisure repertoire make us happier? An investigation of the curvilinear relationships[J]. Journal of Happiness Studies, 2020, 21(5): 1727-1747.

LEE W, KUO E C Y. Internet and displacement effect: Children's media use and activities in Singapore[J]. Journal of Computer-Mediated Communication, 2002, 7(2): JCMC729.

LEE P S N, LEUNG L. Assessing the displacement effects of the Internet[J]. Telematics and Informatics, 2008, 25(3): 145-155.

LEGUINA A, WIDDOP P, TAMPUBOLON G. The global omnivore: Identifying musical taste groups in Austria, England, Israel and Serbia[J]. Sociological Research Online, 2016, 21(3).

LEUNG L. Uses and gratifications[M]//MAZZOLENI G, BARNHURST K G, IKEDA K. The international encyclopedia of political communication. New York: John Wiley & Sons, 2015: 1-5.

LI S C S. Lifestyles and gratifications obtained from news: Comparing science news with health news and political news[J]. Public Understanding of Science, 2019, 28(5): 572-589.

LI X. Perceived channel efficiency and motivation and orientation of information seeking as predictors of media dependency[J]. Telematics and Informatics, 2014, 31(4): 628-639.

LIAO Y. The Sources and influencing factors of Hedonistic consumption[J]. Psychology, 2021, 12(4), 660-674.

LIN C A. Media substitution: Supplementation, complementarity, or displacement[M]// VISHWANATH A, BARNETT G A. The diffusion of innovations: A communication science perspective. New York: Peter Lang, 2011: 171-191.

LIN J, DUTTA M J. A replication of channel complementarity theory among Internet users in India[J]. Health Communication, 2017, 32, 483-492.

LIZARDO O. How cultural tastes shape personal networks[J]. American Sociological Review, 2006, 71(5): 778-807.

LIZARDO O, SKILES S. Reconceptualizing and theorizing "omnivorousness"[J]. Sociological Theory, 2012, 30(4), 263-282.

LO W Y, LEUNG L. Effects of gratification-opportunities and gratifications-obtained on preferences of instant messaging and e-mail among college students[J]. Telematics & Informatics, 2009, 26(2): 156-166.

LOMETTI G E, REEVES B, BYBEE C R. Investigating the assumptions of uses and gratifications research[J]. Communication Research, 1977, 4(3): 321-338.

MASLOW A H. A theory of human motivation[J]. Psychological Review, 1943, 50: 370-396.

MEIER J V, NOEL J A, KASPAR K. Alone together: Computer-mediated communication in leisure time during and after the COVID-19 pandemic[J]. Frontiers in Psychology, 2021, 12.

NAVARRETE T, VILLAESPESA E. Digital heritage consumption: the case of the metropolitan museum of art[J]. Magazén, 2020, 1(2): 223-248.

MIHELJ S, LEGUINA A, DOWNEY J. Culture is digital: Cultural participation, diversity and the digital divide[J]. New Media & Society, 2019, 21(7): 1465-1485.

MORSE K F, FINE P A, FRIEDLANDER K J. Creativity and leisure during COVID-19: Examining the relationship between leisure activities, motivations, and psychological well-being[J]. Frontiers in Psychology, 2021, 12.

NELSON L D, MEYVIS T. Interrupted consumption: disrupting adaptation to hedonic experiences[J]. Social Science Electronic Publishing, 2008, 45(6): 654-664.

NGUYEN G D, DEJEAN S, MOREAU F. On the complementarity between online and offline music consumption: The case of free streaming[J]. Journal of Cultural Economics, 2014, 38(4): 315-330.

NUNNALLY J C, BERNSTEIN I H. Psychometric theory[M]. New York: McGraw Hill, 1994.

OSTROVE J M, ADLER N E, KUPPERMANN M, et al. Objective and subjective assessments of socioeconomic status and their relationship to self-rated health in an ethnically diverse sample of pregnant women[J]. Health Psychology, 2000, 19(6):

613-618.

OWEN C R. International determinants of cultural consumption from a well-being perspective[M]//ARORA A, BACOUEL-JENTJENS S, EDMONDS J. Global business value innovations. Cham: Palgrave Pivot, 2018: 101-116.

PALMGREEN P. Uses and gratifications: A theoretical perspective[J]. Annals of the International Communication Association, 1984, 8(1): 20-55.

PALMGREEN P, WENNER L A, RAYBURN J D. Relations between gratifications sought and obtained: A study of television news[J]. Communication Research, 1980, 7 (2): 161-192.

PALMGREEN P, RAYBURN, J. Uses and gratifications and exposure to public television[J]. Communication Research, 1979, 6 (2): 155-180.

PALMGREEN P, RAYBURN J. A comparison of gratification models of media satisfaction[J]. Communication Monographs, 1985, 52(4), 334-346.

PAPACHARISSI Z, RUBIN A M. Predictors of internet use[J]. Journal of Broadcasting & Electronic Media, 2000, 44(2): 175-196.

PARK J, KITAYAMA S, MARKUS H R, et al. Social status and anger expression: The cultural moderation hypothesis[J]. Emotion, 2013, 13(6): 1122-1131.

PETERSON R, SIMKUS A. How musical tastes mark occupational social groups[M]// LAMONT M, FOURNIER M. Cultivating differences: Symbolic boundaries and the making of inequality. London: University of Chicago Press, 1992: 152-186.

PHILIP C, PALMGREEN J. A comparison of gratification models of media satisfaction[J]. Communication Monographs, 1985, 52(4): 334-346.

POTTS J. New Technologies and cultural consumption[M]//GINSBURGH V A, THROSBY D. Handbook of economics of art and culture. North Holland: Elsevier, 2014: 215-231.

PUTRO N H P S, LEE J. The structural equation modeling of reading interest psycho-behavioural constructs: How are they related across different modes of reading?[J]. Research and Evaluation in Education, 2017, 3(1): 50-63.

RADERMECKER A-S V. Art and culture in the COVID-19 era: For a consumer-oriented approach[J]. SN Business & Economics, 2021, 1(1): 4-14.

RAYBURN J D. Uses and gratifications[M]//SALWEN M B, STACKS D W. An integrated approach to communication theory and research. Mahwah: Lawrence Erlbaum, 1996: 97-119.

RICHARDS G, VAN DER ARK L A. Dimensions of cultural consumption among tourists: Multiple correspondence analysis[J]. Tourism Management, 2013, 37: 71-76.

ROKITO S, CHOI Y H, TAYLOR S H, et al. Over-gratified, under-gratified, or just right? Applying the gratification discrepancy approach to investigate recurrent Facebook use[J]. Computers in Human Behavior, 2019, 93: 76-83.

RÖSSEL J, SCHENK P, WEINGARTNER S. Cultural consumption[M]//SCOTT R A, KOSSLYN S M AND PINKERTON N. Emerging trends in the social and behavioral sciences: An interdisciplinary, searchable, and linkable resource. Hoboken: Wiley, 2017: 1-14.

ROSENGREN K E, WENNER L A, PALMGREEN P. Media gratifications research: Current perspectives[M]. Beverly Hills: Sage. 1985.

ROSENGREN K E, WINDAHL S. Mass media consumption as a functional alternative[M]// MCQUAIL D. Sociology of mass communication. Harmondsworth: Penguin, 1972: 166-194.

ROTH-COHEN O, ROSENBERG H, LISSITSA S. Are you talking to me? Generation X, Y, Z responses to mobile advertising[J]. Convergence, 2022, 28(3): 761-780.

RUBIN A M. An examination of television viewing motivations[J]. Communication Research, 1981, 8(2): 141-165.

RUBIN A M. Television uses and gratifications: The interactions of viewing patterns and motivations[J]. Journal of Broadcasting, 1983, 27(1), 37-51.

RUBIN A M, PERSE E M. Audience activity and soap opera involvement: A uses and effects investigation[J]. Human Communication Research, 1987, 14(2): 246-268.

RUNCIMAN W G. Relative deprivation and social justice[M]. London: Routledge and Kegan Paul, 1966.

SALLEH M S M, MAHBOB N N, BAHARUDIN N S. Overview of "generation Z" behavioural characteristic and its effect towards hostel facility[J]. International Journal of Real Estate Studies, 2017, 11(2): 59-67.

SEGRE G, MORELLI A. Culture and the youngest. Insights for the future of cultural consumption from an Italian sample[J]. Il Capitale Culturale. Studies on the Value of

Cultural Heritage, 2021 (23): 89-109.

SHEN C, WILLIAMS D. Unpacking time online: Connecting internet and massively multiplayer online game use with psychosocial well-being[J]. Communication Research, 2011, 38(1): 123-149.

SHIN D-H. Understanding e-book users: Uses and gratification expectancy model[J]. New Media & Society, 2011, 13(2): 260-278.

SIN S-C J, KWON N. Displacement or complementarity? Assessing the relationship between social media and public library usage in the US, Republic of Korea, and Singapore[J]. Library & Information Science Research, 2017, 39(3): 169-179.

SIU Y M, ZHANG J F, HO K Y, et al. Cultural consumption and consumer well-being: Implications from the self-determination theory[C]// Fifth International Conference on Service Science & Innovation. IEEE, 2013.

SIU N Y M, KWAN H Y, ZHANG T J F, HO C K Y. Arts consumption, customer satisfaction and personal well-being: A study of performing arts in Hong Kong[J]. Journal of International Consumer Marketing, 2016, 28(2): 77-91.

SOHN D, CHOI S M. Measuring expected interactivity: Scale development and validation[J]. New Media & Society, 2014, 16(5): 856-870.

STEVENS S S. On the theory of scales of measurement[J]. Science, 1946, 103(2684): 677-680.

STEVENS, J. Applied multivariate statistics for the social sciences[M]. Mahwah: Lawrence Erlbaum Associates, 2002.

SULLIVAN O, KATZ-GERRO T. The omnivore thesis revisited: Voracious cultural consumers[J]. European Sociological Review, 2007, 23(2): 123-137.

TANEJA H, WEBSTER J G, MALTHOUSE E C, KSIAZEK T B. Media consumption across platforms: Identifying user-defined repertoires[J]. New Media & Society, 2012, 14(6): 951-968.

TOWSE R. A Textbook of cultural economics[M]. Cambridge: Cambridge University Press, 2010: 135-160.

THROSBY D. The concentric circles model of the cultural industries[J]. Cultural Trends, 2008, 17: (3): 147-164.

THROSBY D. Economics and culture[M]. Cambridge: Cambridge University Press,

2001: 4.

THROSBY D. The economics of cultural policy[M]. Cambridge: Cambridge University Press, 2010: 16; 222.

TWENGE J M, MARTIN G N, SPITZBERG B H. Trends in U.S. adolescents' media use, 1976-2016: The rise of digital media, the decline of tv, and the (near) demise of print[J]. Psychology of Popular Media Culture, 2019, 8(4): 329-345.

TYMOSZUK U, SPIRO N, PERKINS R, et al. Arts engagement trends in the United Kingdom and their mental and social wellbeing implications: HEartS survey[J]. PLoS One, 2021, 16(3): e0246078.

UNESCO. 2009 UNESCO Framework for cultural statistics [EB/OL]. (2009-09-03)[2024-02-27]. https://uis.unesco.org/sites/default/files/documents/unesco-framework-for-cultural-statistics-2009-en_0.pdf.

VACCHIANO M, BOLANO D. Online and offline leisure, relatedness and psychological distress: A study of young people in Switzerland[J]. Leisure Studies, 2021, 40(3): 338-351.

VAN BOVEN L, GILOVICH T. To do or to have? That is the question[J]. Journal of Personality and Social Psychology, 2003, 85(6): 1193-1202.

VAN EIJCK, K. The impact of family background and educational attainment on cultural consumption: A sibling analysis[J]. Poetics, 1997, 25(4), 195-224.

VAN EIJCK K. Social Inequality in cultural consumption patterns[M]//International Encyclopedia of the Social & Behavioral Sciences. Oxford: Elsevier, 2015: 331-337.

VAN HEK M, KRAAYKAMP G. Cultural consumption across countries: A multi-level analysis of social inequality in highbrow culture in Europe[J]. Poetics, 2013, 41(4): 323-341.

VAN REES K, VAN EIJCK K. Media repertoires of selective audiences: The impact of status, gender, and age on media use[J]. Poetics, 2003, 31(5): 465-490.

VANDENPLAS R, PICONE I. Media as the great emancipators? Exploring relations between media repertoires and cultural participation in Flanders[J]. Convergence-the International Journal of Research into New Media Technologies, 2021, 27(5): 1439-1461.

VEGHES C. Cultural consumption as a trait of a sustainable lifestyle: Evidence from the

European Union[J]. European Journal of Sustainable Development, 2020, 9(4): 125-136.

WALKER I, SMITH H J. Relative deprivation: Specification, development, and integration[M]. Cambridge: Cambridge University Press, 2002.

WANG Y, YANG C, HU X, et al. The mediating effect of community identity between socioeconomic status and sense of gain in chinese adults[J]. International Journal of Environmental Research and Public Health, 2020, 17(5): 1553.

WARDE A, Consumption: A sociological analysis[M]. London: Palgrave Macmillan, 2017.

WARDE A, GAYO-CAL M. The anatomy of cultural omnivorousness: The case of the United Kingdom[J]. Poetics, 2009, 37(2): 119-145.

WEINGARTNER S. Digital omnivores? How digital media reinforce social inequalities in cultural consumption[J]. New Media & Society, 2021, 23(11): 3370-3390.

WEINGARTNER S, RÖSSEL J . Changing dimensions of cultural consumption? The space of lifestyles in Switzerland from 1976 to 2013[J]. Poetics, 2019, 74: 1-16.

WĘZIAK-BIAŁOWOLSKA D. Attendance of cultural events and involvement with the arts-impact evaluation on health and well-being from a Swiss household panel survey[J]. Public Health, 2016, 139: 161-169.

WHITING A, WILLIAMS D L. Why people use social media: A uses and gratifications approach[J]. Qualitative Market Research, 2013, 16(4): 362-369.

WRIGHT D. Cultural consumption and cultural omnivorousness[M]//INGLIS D, ALMILA, A. The Sage handbook of cultural sociology. London: Sage, 2016, 567-577.

XIE C, ZHU Y, ZHAO Q. How digital business penetration influences farmers' sense of economic gain: The role of farmers' entrepreneurial orientation and market responsiveness[J]. IEEE ACCESS, 2020, 8: 187744-187753.

YU Y, JING F, BANG N, et al. Impact of material vs. experiential purchase types on happiness—the moderating role of self-discrepancy[C]//YANG Z. Proceedings of 2015 China marketing international conference: Big data, cultural difference and marketing. Hong Kong: Asian Business Association, 2015: 431-431.

ZHANG L, QIN Y, LI P. Media complementarity and health information acquisition: A cross-sectional analysis of the 2017 HINTS-China Survey[J]. Journal of Health Communication. 2020, 25(4): 291-300.

附　录

附录A　半结构访谈提纲

欢迎参加本次访谈。本次访谈是我博士毕业论文的一个子研究，研究目的是调查大家的文化产品和服务使用情况和文化获得感。我先介绍一下什么是文化产品和服务。它指的是能够满足人们的精神文化、娱乐休闲需求的产品和服务，我们可以通过购买、观看、浏览、聆听、使用、下载等方式获得它们。在日常生活中，我们常见的文化产品（包括文化服务）如博物馆或艺术馆的展览、音乐会、演唱会，以及电影、电视剧、报纸、杂志、书籍及文创周边等产品，除此之外，还有一些互联网文化产品，或者是线上的文化产品，如我们所熟知的，或者大家日常生活中的网络游戏、网络音乐、网络动漫、网络综艺、网剧、直播、播客、短视频、网络文学/小说等。

受访者基本信息：性别、年龄、职业

相关问题：

请回忆一下，您在昨天和今天的空闲时间用过哪些文化产品？除了上述这些，请回忆一下，您在今年还使用过哪些文化产品？

再请您回忆一下，在3年前或者5年前您都用过哪些文化产品？

您发现过去和现在使用的文化产品有什么区别？发生了哪些变化？

一般情况下，您在休闲时间使用手机等移动设备做什么？最常参与的活动是哪些？您安装了哪些供自己休闲的软件？一般在什么时间、什么地点参与这些活动？是每天都参与，还是周末参与？是自己还是和他人参与？

您为什么使用这些文化产品？使用这些文化产品的时候，您有什么感触？满足了您哪些需求？更开心了吗？是否释放了压力？是否提升了和朋友的关系质量？请您根据相关文化产品的使用情况说一下。

您对这些文化产品的使用情况满意吗？

您知道文化惠民政策吗？当地政府、文化机构和互联网公司能够保障您的文化需求吗？

文化获得感是我国文化政策中的一个关键词，我认为文化获得感指的是文化产品的可获得性以及对人们精神文化需求的满足程度。您认为文化获得感是什么呢？请谈一下您对文化获得感的认知、您认为您之前谈到的哪些可以代表文化获得感？

关于文化获得感，您还有其他的想法吗？还有什么需要补充吗？

附录B　半结构访谈受访者基本信息

受访者编号	性别	年龄	职业	参与频率较高的文化消费活动
A1	男	23	学生	看网络小说；看短视频；看纸质书
A2	男	28	公务员	看电影；玩网游；看纸质书
A3	女	23	学生	看电影与电视剧；看短视频
A4	女	33	待业	玩抖音；看电视
A5	男	29	学生	玩网游；看短视频；看综艺
A6	女	31	教师	看网络电影；玩网游；买文创周边
A7	男	21	学生	玩网游；看直播
A8	男	27	公司员工	看戏剧；看短视频；看直播
A9	男	47	教师	看新闻；看短视频；看纸质书
A10	女	22	学生	看短视频；听音乐
A11	女	52	退休	看直播；看短视频；看电视
A12	男	18	学生	玩网游；看直播；看短视频；听音乐
A13	女	23	学生	看展；看剧；看短视频
A14	女	28	工程师	看剧；看短视频；去书店
A15	男	25	学生	看纸质书；看电子书；听音乐
A16	女	24	公务员	听音乐；看短视频；看电视剧和综艺
A17	男	55	工人	看电视；浏览新闻
A18	男	31	学生	看电影；听音乐
A19	女	21	学生	看电视剧和综艺；看短视频
A20	女	49	公司员工	看短视频；看直播
A21	男	52	个体户	看电影；看短视频；看电视
A22	男	27	公司员工	听车载音乐；听车载广播；玩网游
A23	女	26	学生	看短视频；看展；听歌

附录C 公众文化休闲生活调查问卷

尊敬的参与者：

您好！我们是公众文化休闲生活调查小组，现诚邀您参与本次问卷调查。本次调查的目的是了解大家对文化产品和服务的体验情况。本次调查采用不记名方式进行，所有题目均无正确和错误之分，请根据您的实际情况，选择最合适的选项。我们保证所有数据仅用于学术研究，衷心感谢您的填答！

知情同意

本研究遵循自愿原则，您可以自愿选择参加此项研究，并且中途任何时候都可以退出问卷填答。填答时长在 10 分钟以内。

我已经认真阅读上述说明，并自愿参与本次问卷调查。[单选题]*

○是

○否（请跳至问卷末尾，提交答卷）

第一部分：个人基本信息

您的性别：[单选题]*

　　○女　　○男

您出生于哪一年？[填空题]*

请填写出生年份，如：1995

您目前的最高受教育程度是 [单选题]*（注：包含在读）

○初中及以下

○高中、中专及技校

○大学专科

○大学本科

○研究生及以上

第二部分：个人生活水平

总的来说，您觉得您的生活是否幸福？[单选题]*

○	○	○	○	○	○	○
非常不幸福	比较不幸福	有点不幸福	一般	有点幸福	比较幸福	非常幸福

与3年前相比，您认为自己的生活水平或社会经济状况是[单选题]*

○下降了非常多

○下降了很多

○略有下降

○没有变化

○略有上升

○上升了很多

○上升了非常多

与同龄人相比，您认为您的生活水平或社会经济状况是[单选题]*

○差非常多

○差很多

○差一点

○差不多

○好一点

○好很多

○好非常多

您家的家庭经济状况或生活水平在所在地属于哪一档？［单选题］[*]

  ○远低于平均水平

  ○低于平均水平

  ○略低于平均水平

  ○平均水平

  ○略高于平均水平

  ○高于平均水平

  ○远高于平均水平

请选择符合您实际情况的选项。［矩阵量表题］[*]

问题	1.非常 不同意	2.比较 不同意	3.有点 不同意	4.一般	5.有点 同意	6.比较 同意	7.非常 同意
我的生活大致符合我的理想	○	○	○	○	○	○	○
我的生活状况非常圆满	○	○	○	○	○	○	○
我对我的生活很满意	○	○	○	○	○	○	○
直到现在为止，我都能够得到我在生活上希望拥有的重要东西	○	○	○	○	○	○	○
如果我能重新活过，差不多没有我想改变的东西	○	○	○	○	○	○	○

第三部分：个人文化休闲活动参与情况

请仔细阅读下面的文字：

文化产品（包括文化服务）指的是能够满足我们的精神文化需求、娱乐休闲需求的产品和服务，我们每个人都可以通过购买、观看、浏览、聆听、使用、下载等方式获得它们。在日常生活中，我们常见的文化产品如博物馆或艺术馆的展览、剧院演出、音乐会、演唱会，以及电影、电视剧、报纸、杂志、书籍、文创周边，除此之外，还有一些互联网文化产品，如网络游戏、网络音乐、网络动漫、网络综艺、网剧、直播、短视频、电子出版物（网络文学、网络小说、电子书）等。

您是否认真仔细地阅读了上述文字 [单选题]*

○是

○否（请跳至问卷末尾，提交答卷）

通过阅读上述描述，您是否已经清楚和理解什么是"文化产品"？[单选题]*

○清楚

○不清楚（请跳至第问卷末尾，提交答卷）

在过去的1年里，您在空闲时间对以下文化产品的使用情况如何？[矩阵量表题]*

文化消费	从不	少于每月一次	少于每周一次	一周一次	一周多次	每天一次	每天多次
用电视机看电视	○	○	○	○	○	○	○
看纸质书	○	○	○	○	○	○	○
看纸质报纸或期刊	○	○	○	○	○	○	○
逛线下书店	○	○	○	○	○	○	○
去当地的公共图书馆	○	○	○	○	○	○	○
到电影院看电影	○	○	○	○	○	○	○
逛博物馆、艺术馆、美术馆、科技馆	○	○	○	○	○	○	○

续表

文化消费	从不	少于每月一次	少于每周一次	一周一次	一周多次	每天一次	每天多次
在礼堂、剧院、音乐厅等场馆观看音乐会、戏剧、歌剧等演出	○	○	○	○	○	○	○
到现场看演唱会、脱口秀	○	○	○	○	○	○	○
去现场看相声、戏曲、快板等传统艺术表演	○	○	○	○	○	○	○
去 KTV 唱歌	○	○	○	○	○	○	○
去剧本杀、密室、桌游等线下体验馆	○	○	○	○	○	○	○
去当地的公共图书馆、公园、文化广场等公共文化场所	○	○	○	○	○	○	○

在过去的 1 年里，您在空闲时间通过手机、平板、电脑等设备对以下文化产品的使用情况如何？［矩阵量表题］*

文化消费	从不	少于每月一次	少于每周一次	一周一次	一周多次	每天一次	每天多次
看网络文学、电子书	○	○	○	○	○	○	○
从网上获取新闻资讯	○	○	○	○	○	○	○
看电视剧和综艺	○	○	○	○	○	○	○
玩网游	○	○	○	○	○	○	○
看动漫	○	○	○	○	○	○	○
浏览短视频	○	○	○	○	○	○	○
看网络直播	○	○	○	○	○	○	○
线上 K 歌（如全民 K 歌、唱吧等）	○	○	○	○	○	○	○

文化消费	从不	少于每月一次	少于每周一次	一周一次	一周多次	每天一次	每天多次
听音乐	○	○	○	○	○	○	○
看电影	○	○	○	○	○	○	○
通过博物馆、艺术馆、美术馆的官网和社交媒体在线观看展览	○	○	○	○	○	○	○
文化场馆云体验（通过博物馆、艺术馆、美术馆的官网和社交媒体在线观看展览）	○	○	○	○	○	○	○

第四部分：个人文化休闲活动参与收获

您在多大程度上同意或不同意下面表述：目前，我很容易获得_____。[矩阵量表题]*

项目	1. 非常不同意	2. 比较不同意	3. 有点不同意	4. 一般	5. 有点同意	6. 比较同意	7. 非常同意
我喜好的文化产品	○	○	○	○	○	○	○
各种类型的文化产品	○	○	○	○	○	○	○
很多的文化产品	○	○	○	○	○	○	○
我想要的文化产品	○	○	○	○	○	○	○

目前我获得的大多数文化产品是 [单选题]*

○ 1 低品质的　　○ 2　　　○ 3　　　○ 4　　　○ 5　　　○ 6　　　○ 7 高品质的

目前我获得的大多数文化产品是 [单选题] *

○ 1 没什么创意的　　○ 2　　　○ 3　　　○ 4　　　○ 5　　　○ 6　　○ 7 非常有创意的

目前我获得的大多数文化产品是 [单选题] *

○ 1 过时的　　　○ 2　　　○ 3　　　○ 4　　　○ 5　　　○ 6　　　○ 7 新颖的

目前我获得的大多数文化产品的体验感 [单选题] *

○ 1 非常差　　○ 2　　　○ 3　　　○ 4　　　○ 5　　　○ 6　　　○ 7 极好

关于下列描述，请选择合适的选项：[矩阵量表题] *

项目	1. 非常不同意	2. 比较不同意	3. 有点不同意	4. 一般	5. 有点同意	6. 比较同意	7. 非常同意
我会主动和他人交流与文化产品相关的信息	○	○	○	○	○	○	○
我会经常与他人一起享用文化产品	○	○	○	○	○	○	○
我经常将一些文化产品推荐给其他人	○	○	○	○	○	○	○

关于下列描述，请选择合适的选项：[矩阵量表题] *

项目	1. 非常不同意	2. 比较不同意	3. 有点不同意	4. 一般	5. 有点同意	6. 比较同意	7. 非常同意
我和周围的人获得文化产品的机会是一样的	○	○	○	○	○	○	○
我周围的人可以获得的文化产品，我也能获得	○	○	○	○	○	○	○
我认为现有的文化产品可以满足不同人群的需求	○	○	○	○	○	○	○

请选择 "B" [单选题] *

○ A　　　　○ B　　　　○ C　　　　○ D　　　　○ E

您在多大程度上同意或不同意下面表述：我认为文化产品能够_____。[矩阵量表题] *

项目	1. 非常不同意	2. 比较不同意	3. 有点不同意	4. 一般	5. 有点同意	6. 比较同意	7. 非常同意
提升能力	○	○	○	○	○	○	○
让我放松	○	○	○	○	○	○	○
让我暂时逃离工作、学习	○	○	○	○	○	○	○
让我能够感受到与他人的关系更加密切	○	○	○	○	○	○	○
让我意识到在选择休闲方式上我是有自主性的	○	○	○	○	○	○	○
让我觉得这是一件有意义的事情	○	○	○	○	○	○	○
让我心情愉悦	○	○	○	○	○	○	○
增长知识	○	○	○	○	○	○	○
满足我的好奇心	○	○	○	○	○	○	○
让我获得新的体验	○	○	○	○	○	○	○
让我获得成就感	○	○	○	○	○	○	○
让我获得满足感	○	○	○	○	○	○	○
提供给我尝试新事物的机会	○	○	○	○	○	○	○

请计算 "**24+17**＝ __" [单选题] *

○ 31　　○ 40　　○ 51　　○ 42　　○ 41　　○ 50　　○ 32

您在多大程度上同意或不同意下面表述：我认为享用文化产品_____。[矩阵量表题] *

项目	1. 非常不同意	2. 比较不同意	3. 有点不同意	4. 一般	5. 有点同意	6. 比较同意	7. 非常同意
给我的生活带来了新面貌	○	○	○	○	○	○	○
让我的生活更加充实	○	○	○	○	○	○	○
到目前为止，我对我的精神文化生活感到满意	○	○	○	○	○	○	○

您在多大程度上同意以下表述？[矩阵量表题] *

项目	1. 非常不同意	2. 比较不同意	3. 有点不同意	4. 一般	5. 有点同意	6. 比较同意	7. 非常同意
我所在市区的公共文化场馆免费向当地市民开放（如图书馆、文化馆、美术馆、博物馆、科技馆）	○	○	○	○	○	○	○
我所在市区的旅游景点会给当地市民门票半价、打折或免费的优惠	○	○	○	○	○	○	○
我所在的市区会举办一些文艺汇演和当地的特色文化活动	○	○	○	○	○	○	○

续表

项目	1.非常 不同意	2.比较 不同意	3.有点 不同意	4.一般	5.有点 同意	6.比较 同意	7.非常 同意
我所在市区的文化广场和公园能够满足市民日常的文化休闲需求	○	○	○	○	○	○	○
我认为文化产品的提供者能够保障我对文化产品的需求	○	○	○	○	○	○	○
我认为文化产品的提供者会对文化产品的品质负责	○	○	○	○	○	○	○
我认为文化产品的提供者是非常专业的	○	○	○	○	○	○	○

POSTSCRIPT 后记 ▶

本书是在我的博士论文基础上修改而成的，它是我四年博士之路的终点，也是我步入高校开启职业生涯的起点。本书的选题与写作过程极其坎坷，它见证了我的学术历练与科研成长，治好了我的思维拧巴与精神内耗。

衷心感谢我的博导张铮副教授，是他的选择让我有幸进入清华大学新闻与传播学院攻读新闻传播学博士研究生。感谢他对我学术上的悉心指导和日常生活中的照顾，张老师生活中风趣幽默、平易近人，对待学术认真严谨。四年里，张老师对我的学术训练非常系统和完整，他的想法和点子让我不禁赞叹他的最强大脑，他写的每一条论文批注都让我受益匪浅，让我有所收获、有所成长。衷心感谢中科院心理所的周明洁研究员，在宏盟楼321与照澜院咖啡馆这两个熟悉的地点，她每次都不吝啬自己的时间全力指导我的论文并给予我新思路、启发我思考，使我受益匪浅，让我领会了"传道授业解惑"的真谛。

衷心感谢清华大学新闻与传播学院的金兼斌教授，五年前我抱着"打酱油"的心态给他发了第一封邮件，收到他的邮件后我万分感激，也有幸以考生的身份第一次踏入园子。金老师为人谦逊、治学严谨，非常感谢四年来金老师对我的指导和关怀，何其有幸、不胜感激！衷心感谢蒋俏蕾副教授、虞鑫副教授、王程韡教授的热心指导，衷心感谢熊澄宇教授、魏鹏举教授、向勇教授、杭敏教授、崔宝国教授、沈阳教授、张莉副教授、吕宇翔副教授在开题和答辩过程中提供的宝贵建议和智慧支持，是他们给予的宝贵修改意见让我的博士论文得以完善。在此，对各位老师的谆谆教诲致以诚挚感谢！

感谢华东政法大学传播学院出版资助，使我能够在博士论文的基础上继续完善成书，实现了一个初入职场、初出茅庐的"小青椒"的出书愿望。感谢"中国博士后科学基金资助项目"（2022M721177）的资助，助力我的后续系列研究。感谢浙江大学出版社的田慧老师为本书的编辑与出版工作付出的辛勤努力。

感谢挚友黄骏和丁洪梅的帮助和支持，回想过去，三人行，穿梭在清华、人大和五道口，一起吃韩餐、讨论学术，在我彷徨和迷茫之时帮我解开心结、排解烦恼，让我找到心灵慰藉，这种精神层面上的社会支持是我坚持的动力。感谢我的同门邓妍方、冯近近、卢秀定、于伯坤、赵慧欣、庞博、吴福仲、刘钰潭、许馨月、方诗敏、周敏，在园子里紧张又焦虑的生活中，他们的存在就像是我四年读博生活中的一道光，让我感受到轻松与快乐。从踏入园子的那一刻起，他们在学术和生活中给予过我无限的帮助和关怀，感恩他们的帮助，祝愿大家前程似锦！

衷心感谢我的父母，感恩他们的辛劳付出和对我的无限体谅。感谢刘叔叔和白阿姨待我如亲女儿一样，百般照顾和关心。感谢"最佳战友"哲哥，从本科到博士，三地求学、九年携手，我们一路披荆斩棘。他们永远是我最可亲可敬的家人，是他们对我求学生涯的支持与理解，才让我更加专注于学习与科研，让我心无旁骛，继续追求自己想要的生活。

最后，感恩园子里的一切，来到清华园像是坐上了一趟列车，让我欣赏到了与众不同的风景，也成为我一辈子难以忘怀的回忆。尽管在园子里只生活了短暂的四年，却依旧让我感慨万千。八字校训——自强不息、厚德载物，仍旧是我往后余生的箴言。